実践力をつける練習問題・会話例が満載

文法から学べる
スペイン語

井戸光子／石村あつ [著]

音声
DL版

ナツメ社

自分の「目・口・耳」で
文法をマスターしよう！

　スペイン語や中南米の国々など、スペイン語を母国語としている人々は、世界で４億人以上もいます。そのスペイン語の入り口に立って下さったあなたに、まず「ようこそ」と申し上げましょう。

　外国語にはさまざまな学習法がありますが、本書は日本で学ぶことを前提としています。そのような環境で外国語を学ぶには、どうしても文法が必要です。文法がわからなければ、自分の考えをきちんと相手に伝えることができません。「目」で文法を確認しながらスペイン語を理解すること、それが本書の趣旨です。さらに「目」だけでなく、「口」と「耳」も重要です。付属の音声を聞いて、スペインのイントネーションに慣れましょう。そして必ず声に出して発音し、自分の声を聞きましょう。それを繰り返すうちに、スペイン語が自然と口から飛び出してくるようになります。また息継ぎの位置によって、文の構造がわかり、ヒアリングの助けにもなります。

　スペイン語学習者にとって最大の難関は動詞の活用です。活用を覚えないことには前に進めません。活用を「声」を出して繰り返し覚えましょう。「継続は力」ということを忘れずに努力を続けてください。

　同じスペイン語圏でも、中南米諸国では会話に使われる単語は少しちがいますが、文法の基本は同じです。本書はスペインで使われているスペイン語に基づいていますが、中南米の国々でも十分に通用します。

　なお今回、「ＣＤ」を「音声ＤＬ版」に改訂するにあたり、指示代名詞（12課）などのアクセント記号を付けないことにしました。スペイン語文法の方向をきめるスペイン学士院の方針にそったものです。

　私たちは、成人してからスペイン語を学びはじめました。その私たちの経験が少しでも皆さんのお役に立てば、うれしく思います。執筆にあたり、Francisco Javier de Esteban Baquedano 先生に貴重なアドバイスをいただきました。また、ナツメ出版企画の斉藤正幸氏と文研ユニオンの皆川喜美子氏に、たいへんお世話になりました。心からお礼を申し上げます。

井戸　光子

石村　あつ

本書の特徴と使い方

　本書は、スペイン語の初級文法について解説しています。各 Lección は文法の説明、練習問題、Mini-diálogo と単語リストで構成されています。

　スペイン語にはカタカナで「ふりがな」をつけました。アクセントの部分は、太い文字になっています。「ふりがな」は正確に発音を表記することはできませんが、読み方を習うときに手助けになるでしょう。

〈DL マーク〉 その Lección が収録されている音声のトラックナンバーを示しています。

〈補足説明〉 とくに注意すべきところや、理解のポイントになる部分は、赤字で解説を補足しました。

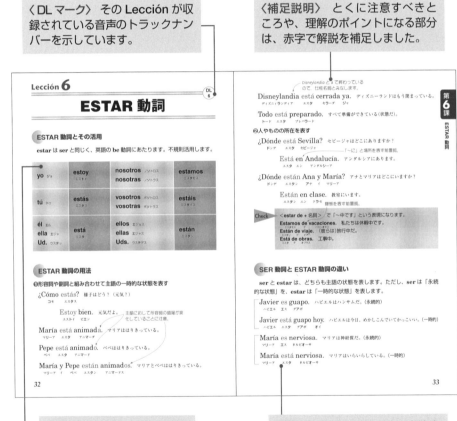

〈活用表〉 動詞・名詞・形容詞・冠詞類など、形の変化するものを表にしてわかりやすくしてあります。

〈例文〉 その Lección の文法事項を具体的に示した例文になっています。音声をよく聞いて、自分でも声に出して発音しましょう。

〈練習問題〉 各Lecciónで学んだ文法についての練習問題です。最初は全部できなくてもかまいません。何度でもチャレンジしてください。

〈Mini-diálogo〉 そのLecciónの文法事項が、日常会話でどのように使われているのか、実感できます。

〈単語〉 Lecciónごとの単語をまとめました。動詞の場合は、必要に応じて活用形と不定詞（原形）を併記しています。形容詞などで男性形と女性形があるものは、原則として男性形をのせました。辞書を引いて確認することも大事です。ぜひ辞書を活用してください。

本書は弊社既刊『CD付き　文法から学べるスペイン語』をもとに、音声をダウンロード形式に変更しております。

Índice 🔝 ◀ 🔄

Índice

■スペイン語ナレーター　F. Javier de Esteban Baquedano
　　　　　　　　　　　　Marta Martín Molina
■録　　音　（株）メディアスタイリスト
■イラスト　内藤しなこ
■編集協力　（株）文研ユニオン
■編集担当　梅津愛美（ナツメ出版企画）

PART 1

スペイン語の
発音とつづり字
Pronunciación y ortografía

アルファベットと発音

スペイン語のアルファベット

アルファベットは 27 文字で、英語にない文字は ñ（エニェ）だけです。

		名称	発音			名称	発音
A	a	a	ア	Ñ	ñ	eñe	エニェ
B	b	be	ベ	O	o	o	オ
C	c	ce	セ	P	p	pe	ペ
D	d	de	デ	Q	q	cu	ク
E	e	e	エ	R	r	erre	エレ
F	f	efe	エフェ	S	s	ese	エセ
G	g	ge	ヘ	T	t	te	テ
H	h	hache	アチェ	U	u	u	ウ
I	i	i	イ	V	v	uve	ウベ
J	j	jota	ホタ	W	w	uve doble	ウベ ドブレ
K	k	ka	カ	X	x	equis	エキス
L	l	ele	エレ	Y	y	ye	ジェ
M	m	eme	エメ			(i griega)	（イ グリエガ）
N	n	ene	エネ	Z	z	zeta	セタ

　以前は、CH（che チェ）と LL（elle エジェ）も１つのアルファベットとして扱われていましたが、現在はそれぞれCとLの項目にアルファベット順に並んでいます。Yの名称と発音は、2010年から「ye ジェ」になりました。し

8

かし、これまでの「i griega イ　グリエガ」も使えます。

5つの母音

　スペイン語の母音は、**a／e／i／o／u** の 5 つで、日本語とほとんど同じ発音です。**u** を少し口をとがらせて発音すると、スペイン語らしくなります。

二重母音と三重母音

　5 つの母音のうち、**a／e／o** を**強母音**、**i／u** を**弱母音**といいます。

❶ **二重母音**とは、次のような 2 つの母音の組み合わせのことで、1 つの母音としてあつかいます。

・強母音 + 弱母音 ➡ **aire**　空気
　　　　　　　　　　アイレ

・弱母音 + 強母音 ➡ **idioma**　言語
　　　　　　　　　　イディオマ

・弱母音 + 弱母音 ➡ **ciudad**　都市
　　　　　　　　　　シウダッ

❷ **三重母音**とは、〈弱母音 + 強母音 + 弱母音〉の組み合わせで、これも 1 つの母音としてあつかいます。

Uruguay	**Paraguay**	**estudiáis**
ウルグアイ	パラグアイ	エストゥディアイス
ウルグアイ	パラグアイ	きみたちは勉強する

アクセントの位置

　音節とは、母音が単独で、あるいは子音といっしょにつくる音の単位です。上に出てきた語を音節で分けると、次のようになります。

ai-re　　　　　　　**i-dio-ma**　　　　　　**ciu-dad**
アイ　レ　　　　　　　イ　ディオ　マ　　　　　シウ　ダッ
U-ru-guay　　　　**Pa-ra-guay**　　　　**es-tu-diáis**
ウ　ル　グアイ　　　　バ　ラ　グアイ　　　　エス　トゥ　ディアイス

このような音節の構造を頭に入れてから、次のアクセントのルールを覚えましょう。

❶母音または n ／ s で終わる語……**最後から 2 番目の音節にアクセント**

Sevilla
セビージャ

セビージャ

examen
エクサメン

試験

lunes
ルネス

月曜日

dime
ディメ

私に言いなさい

levantaos
レバンタオス

きみたち起きなさい

levantad のアクセントが
そのまま生きます。
レバンタッ

❷ n ／ s 以外の子音で終わる語……**最後の音節にアクセント**

Madrid
マドリッ

マドリード

reloj
レロッ

時計

comer
コメール

食べる

canta のアクセントが
生きるようにします。
カンタ

❸ アクセント（´）がついた語……その位置にアクセント

árbol
アルボル

木

japonés
ハポネス

日本人

estación
エスタシオン

駅

cántame
カンタメ

私に歌いなさい

発音とつづり

ba be bi bo bu バ ベ ビ ボ ブ	**bar** バル　　**boda** 結婚式 バル　　　　　ボダ	b も v も同じバ行
ca co cu カ コ ク	**casa** 家　　**color** 色 カサ　　　　コロール	カ行
ce ci セ シ	**centro** 中心　　**ciudad** 町 セントロ　　　　　シウダッ	英語の th の発音
cha che chi cho chu チャ チェ チ チョ チュ	**chico** 男子　　**mucho** たくさんの チコ　　　　　ムーチョ	チャ行
da de di do du ダ デ ディ ド ドゥ	**daño** 損害　　**día** 日 ダーニョ　　　ディア	ダ行
fa fe fi fo fu ファ フェ フィ フォ フ	**familia** 家族　　**fe** 信仰 ファミリア　　　　フェ	ファ行。英語の f と同 じで下唇を前歯でかむ
ga gue gui go gu ガ ゲ ギ ゴ グ	**gato** ネコ　　**guerra** 戦争 ガト　　　　　ゲラ	ガ行

10

ge gi ヘ　ヒ	**gente** 人　　**gigante** 巨人 　ヘンテ　　　　　ヒガンテ	ハ行。のどの奥から強く息を出す。発音のしかたは ja 行と同じ
gua güe güi guo グァ　グェ　グィ　グォ	**bilingüe** バイリンガル 　ビリングェ	u に（¨）がついて ü になると、母音が分かれて［グェ］［グィ］となる
ha he hi ho hu ア　エ　イ　オ　ウ	**hermano** 兄弟　　**hoy** 今日 　エルマーノ　　　　オイ	h は発音しない
ja je ji jo ju ハ　ヘ　ヒ　ホ　フ	**jamón** ハム　　**jefe** ボス 　ハモン　　　　ヘフェ	ハ行。のどの奥から強く息を出す。発音のしかたは ge／gi と同じ
la le li lo lu ラ　レ　リ　ロ　ル	**ladrón** どろぼう　　**lección** レッスン 　ラドロン　　　　　レクシオン	舌先を上の歯茎につける
lla lle lli llo llu ジャ　ジェ　ジ　ジョ　ジュ	**llave** かぎ　　**calle** 通り 　ジャベ　　　　カジェ	ジャ行。リャ行の地域もある。
ña ñe ñi ño ñu ニャ　ニェ　ニ　ニョ　ニュ	**niña** 女子　　**muñeco** 人形 　ニーニャ　　　　ムニェコ	ニャ行
que qui ケ　キ	**queso** チーズ　　**quinto** 5番目の 　ケソ　　　　　キント	つづりに注意
ra re ri ro ru ラ　レ　リ　ロ　ル	**barato** （値段が）安い 　バラート **caro** （値段が）高い 　カロ	日本語のラ行。語頭にくる場合は巻き舌で発音する
rra rre rri rro rru ラ　レ　リ　ロ　ル	**torre** 塔　　**perro** 犬 　トレ　　　　ペロ	巻き舌で発音
sa se si so su サ　セ　シ　ソ　ス	**sala** 部屋　　**seda** 絹 　サラ　　　　セダ	サ行
ta te ti to tu タ　テ　ティ　ト　トゥ	**tabaco** タバコ　　**tienda** 店 　タバコ　　　　　ティエンダ	タ行
va ve vi vo vu バ　ベ　ビ　ボ　ブ	**vaso** コップ　　**vino** ワイン 　バソ　　　　ビノ	b も v も同じバ行

	examen 試験 エクサメン	**taxi** タクシー タクシ	母音の前では[クス]と発音
xa xe xi xo xu クサ クセ クシ クソ クス	**extranjero** 外国人 エストランヘロ		子音の前では[ス]と発音されることが多い
	México メキシコ メヒコ	**Texas** テキサス テハス	例外的な読み方
ya ye yi yo yu ジャ ジェ ジ ジョ ジュ	**yerba** 雑草 ジェルバ	**ayuda** 援助 アジュダ	ジャ行。ヤ行の地域もある
za ze zi zo zu サ セ シ ソ ス	**plaza** 広場 プラサ	**azúcar** 砂糖 アスカル	英語の th の発音

注意の必要なつづり

	a	e	i	o	u
カ 行	**ca** カ	**que** ケ	**qui** キ	**co** コ	**cu** ク
サ 行	**za** サ	**ce (ze)** セ	**ci (zi)** シ	**zo** ソ	**zu** ス
ガ 行	**ga** ガ	**gue** ゲ	**gui** ギ	**go** ゴ	**gu** グ
ハ 行	**ja** ハ	**ge (je)** ヘ	**gi (ji)** ヒ	**jo** ホ	**ju** フ
グァ行	**gua** グァ	**güe** グェ	**güi** グィ	**guo** グォ	

＊サ行の C と Z ……e ／ i の前では C で書く（**cero** ゼロ／**cima** 頂上）という原則がありますが、例外も多いので、1 つずつ覚えましょう。

＊ハ行の G と J ……これも e ／ i の前では G で書く（**gente** 人々／**gitano** ジプシー）という原則がありますが、やはり例外が多いので 1 つずつ覚えましょう。

PART 2

スペイン語の
文法
Gramática del español

主語と SER 動詞

主語を表す主格人称代名詞

　「私は」や「あなたは」という主語を表す代名詞を、**主格人称代名詞**といいます。スペイン語の主格人称代名詞は、次のとおりです。

	単　　数		複　　数	
1人称 （話し手）	**yo** ジョ	私は	**nosotros** ノソトロス	私たちは ＜男性形＞
			nosotras ノソトラス	私たちは ＜女性形＞
2人称 （聞き手）	**tú** トゥ	きみは	**vosotros** ボソトロス	きみたちは ＜男性形＞
			vosotras ボソトラス	きみたちは ＜女性形＞
3人称 （第三者）	**él** エル	彼は	**ellos** エジョス	彼らは
	ella エジャ	彼女は	**ellas** エジャス	彼女らは
	usted(=Ud.) ウステッ	あなたは	**ustedes(=Uds.)** ウステデス	あなたたちは

　「あなたは」は聞き手なので2人称でもよさそうですが、3人称に分類されます。これは、話し手の心理的な距離を表します。つまり、あまり親しくない相手や、距離をおきたい相手には3人称で接する、ということです。

主語の省略と動詞の活用

　スペイン語では、よく主語が省略されます。そこで、主語がだれなのかを判断するために重要になるのが、動詞の活用形です。スペイン語の動詞は人称に

応じて活用するので、動詞の活用形を見れば主語がわかるというわけです。

(Yo) Soy Akiko.　私はアキコです。
　ジョ　ソイ　アキコ

(Tú) Eres Antonio.　きみはアントニオです。
　トゥ　エレス　アントニオ

　赤字部分は「〜です」にあたる部分で、これを **SER 動詞**といいます。英語の **be** 動詞にあたります。主語に応じて変化しているのがわかります。

SER 動詞の活用

　スペイン語の動詞には規則活用するものと、不規則活用するものがあり、**ser** は不規則活用です。活用形を覚えるのはちょっとたいへんですが、出番が多いからこそ不規則になっているのです。覚悟を決めて覚えるしかありません。まず、**ser** の活用形をしっかり覚えてください。

yo ジョ	soy ソイ	nosotros ノソトロス nosotras ノソトラス	somos ソモス
tú トゥ	eres エレス	vosotros ボソトロス vosotras ボソトラス	sois ソイス
él エル ella エジャ Ud. ウステッ	es エス	ellos エジョス ellas エジャス Uds. ウステデス	son ソン

Él es Akira.　彼はアキラです。
エル エス　アキラ
　　　　　　　　　　　英語の *and* にあたります。
Tú y yo somos japoneses.　きみと私は日本人です。
トゥ イ ジョ　ソモス　　　ハポネセス

¿Ana y María son españolas?　アナとマリアはスペイン人ですか？
　アナ　イ　マリーア　ソン　エスパニョーラス
　　　「ここから疑問文です」　　　　　　　疑問文でも、語順は肯定文と同じです。
　　　という印です。

15

練習問題 ●解答は P233

1 ( ) の中に主語を入れましょう。

① ( ) es Yutaka. 彼はユタカくんです。
エス ユタカ

② ( ) eres Belén. きみはベレンだ。
エレス ベレン

　　　　　　　　　　　　　　　　男性への尊称の１つです。

③ ¿( ) es Don Manuel? あなたはマヌエルさんですか？
エス ドン マヌエル

　　　　　　　　　　　　　　　　英語の yes にあたります。

Sí, ( ) soy Manuel. はい、私はマヌエルです。
シィ ソイ マヌエル

④ ( ) son Javier y Marcos. 彼らはハビエルとマルコスです。
ソン ハビエル イ マルコス

⑤ ( ) sois Carmen y Lucía. きみたちはカルメンとルシーアだ。
ソイス カルメン イ ルシーア

2 SER 動詞を活用させて、( ) の中に入れましょう。

① Tú ( ) Ángeles. きみはアンヘレスです。
トゥ アンヘレス

② Nosotras ( ) Ana y María.
ノソトラス アナ イ マリーア
私たちはアナとマリアです。

　　　　　　　　　　　　　　　　男女が混ざっているときは、
　　　　　　　　　　　　　　　　男性形になります。

③ Nosotros ( ) Carmen y David.
ノソトロス カルメン イ ダビッ
私たちはカルメンとダビです。

④ Ellas ( ) Ana, Pepa y Nieves.
エジャス アナ ペパ イ ニエベス
彼女たちはアナとペパとニエベスです。

⑤ Él ( ) Pepe y ella ( ) María.
エル ペペ イ エジャ マリーア
彼はぺぺで、彼女はマリアです。

┤ Mini-diálogo ├

Ana : **Hola, ¿eres Juan?**
オラ　　　エレス　フアン

Juan : **Sí, soy Juan Lázaro. Hola, encantado.**
シィ　ソイ　フアン　ラサロ　　　オラ　　　エンカンタード

¿Y tú?
イ　トゥ

Ana : **Soy Ana, Ana Martínez. Mucho gusto.**
ソイ　アナ　　アナ　マルティネス　　ムーチョ　　グスト

●日本語訳●

アナ　：あの、あなたフアン？
フアン　：ああ、フアン・ラサロだよ。はじめまして。
　　　　　で、きみは？
アナ　：私はアナ、アナ・マルティネスよ。はじめまして。

ひとくちメモ

出会ったときのあいさつ

● **Hola.**　「やあ」や「あのう」にあたることば。
　オラ　　　だれとでも、目が合ったらにっこりして Hola と言うのがスペイン流。
● **Mucho gusto.** （はじめまして）男女を問わず使えます。
　ムーチョ　グスト
● **Encantado.**　（はじめまして）話し手が男性のときに使います。
　エンカンタード
● **Encantada.**　（はじめまして）話し手が女性のときに使います。
　エンカンターダ

第2課の単語 （P14〜P17）●●●●●●●●●●●●●●●●●●●●●●●●●●●

y そして（英語の and）
イ
japoneses 日本人＜男性複数形＞
ハポネセス
españolas スペイン人＜女性複数形＞
エスパニョーラス

hola やあ
オラ
sí はい（英語の yes）
シィ

名詞の性と数

スペイン語の名詞と「性」

　スペイン語の名詞は、人・動物・物のすべてが文法上の性をもっていて、男性形と女性形に分かれています。さらに、単数形と複数形があります。

Akira es japonés.　アキラは日本人です。（男性単数）
アキラ　エス　　ハポネス

Yuki es japonesa.　ユキは日本人です。（女性単数）
ユキ　エス　　ハポネサ

(Nosotros) Somos japoneses.　ぼくたちは日本人です。（男性複数）
ノソトロス　　　ソモス　　　ハポネセス

(Nosotras) Somos japonesas.　私たちは日本人です。（女性複数）
ノソトラス　　　ソモス　　　ハポネサス

　　主語が複数になったら、動詞もその後ろの名詞も、複数
　　形になることに注意してください。

男性名詞と女性名詞の区別

　男性・女性のように自然の性で分類する場合と、語尾のアルファベットで分類する場合があります。

男性名詞
❶自然の性が男性であるもの

padre　父親　　　　hombre　男性　　　　hermano　兄弟
パドレ　　　　　　　オンブレ　　　　　　エルマーノ

❷語尾が -o で終わるもの

libro　本　　　　camino　道　　　　bolígrafo　ボールペン
リブロ　　　　　　カミーノ　　　　　　ボリグラフォ

女性名詞
❶自然の性が女性であるもの

madre　母親　　　　mujer　女性　　　　hermana　姉妹
マドレ　　　　　　　ムヘール　　　　　　エルマーナ

❷語尾が **-a** や **-ción** で終わるもの

casa　家
カサ

mesa　机
メサ

estación　駅
エスタシオン

ただし、例外がたくさんありますから、1つ1つ辞書で確認しましょう。

fotografía, motocicleta の省略形と
考えるとわかりやすいですね。

Check ▶ **-o** で終わっても女性名詞……　**mano**　手　**foto**　写真　**moto**　バイク
マノ　フォト　モト
　　　　　　　　-a で終わっても男性名詞……　**día**　日　**mapa**　地図　**problema**　問題
ディア　マパ　プロブレマ

この語と同じように *drama, idioma* などギリ
シャ語起源の語はほとんどが男性形です。

男性名詞から作られる女性名詞

❶男性名詞の語尾 **o → a**

niño　男の子 → niña　女の子
ニーニョ　ニーニャ

amigo　男友だち → amiga　女友だち
アミーゴ　アミーガ

❷男性名詞の語尾 **+ a**

profesor　男性教師 → profesora　女性教師
プロフェソール　プロフェソーラ

❸男性名詞の語尾を変える

actor　男優 → actriz　女優
アクトール　アクトリス

rey　王 → reina　女王、王妃
レイ　レイナ

Check ▶ 男女同形の名詞もあります。
estudiante　学生　**budista**　仏教徒　**pianista**　ピアニスト
エストゥディアンテ　ブディスタ　ピアニスタ

名詞の複数形の作り方

❶母音で終わる語 **+ s**　casa → casas　libro → libros
カサ　カサス　リブロ　リブロス

❷子音で終わる語 **+ es**　flor → flores　tren → trenes
フロール　フローレス　トレン　トレネス

❸ z で終わる場合　**z を c に変えて + es**　luz → luces
ルス　ルセス

練習問題

1 男性形は女性形に、女性形は男性形にしましょう。

① niño
ニーニョ

② hermana
エルマーナ

③ amigo
アミーゴ

④ japonesa
ハポネサ

⑤ reina
レイナ

2 単数形は複数形に、複数形は単数形に書き換えましょう。

① bolígrafos
ボリグラフォス

② día
ディア

③ español
エスパニョール

④ flores
フローレス

⑤ luces
ルセス

3 （　　）の名詞を正しい形にしましょう。

① María es (profesor).　マリアは教師です。
マリーア　エス

② Pepe y Antonio son (español).　ペペとアントニオはスペイン人です。
ペペ　イ　アントニオ　ソン

③ Ana y María son (hermano).　アナとマリアは姉妹です。
アナ　イ　マリーア　ソン

④ Carmen es (estudiante).　カルメンは学生です。
カルメン　エス

⑤ Antonio y Carmen son (amigo).　アントニオとカルメンは友だちです。
アントニオ　イ　カルメン　ソン

男女が混じっている複数形は男性形にします。

第3課の単語 （P18～P20） ●●●●●●●●●●●●●●●●●●●●●●●●●

japonés　日本人＜男性単数＞
ハポネス
japonesa　日本人＜女性単数＞
ハポネサ
español　スペイン人＜男性単数＞
エスパニョール
española　スペイン人＜女性単数＞
エスパニョーラ
casa　家
カサ

libro　本
リブロ
flor　花
フロール
tren　列車
トレン
luz　光
ルス

Mini-diálogo

Ana : **Oye, Juan.**
オジェ　　フアン

> Oye と Dime は、「ねえ」「なあに」と親しい
> 間柄で会話の最初によく交わされます。

Juan : **Dime.**
ディメ

Ana : **Manolo es español, ¿verdad?**
マノーロ　　エス　エスパニョール　　　　ベルダッ

> 「〜よね？」と念を押す表現。

Juan : **Sí, es español.**
シィ　エス　エスパニョール

Ana : **¿Y Elena?**
イ　　エレーナ

Juan : **También es española. Son hermanos.**
タンビエン　　エス　エスパニョーラ　　　ソン　　エルマーノス

Ana : **Ah, por eso. Se parecen mucho.**
アァ　　ボル　エソ　セ　パレセン　　ムーチョ

●日本語訳●

アナ　　：ねえ、フアン。
フアン：なんだい？
アナ　　：マノーロはスペイン人よね？
フアン：そうだよ、スペイン人だよ。
アナ　　：で、エレーナは？
フアン：彼女もスペイン人さ。ふたりは兄妹だよ。
アナ　　：ああ、それでね。よく似ているもの。

第3課の単語（P21）••••••••••••••••••••••••••••••••••••

oye ねえ（← oir 聞きなさい）
オジェ
dime なんだい？
ディメ
　（← decir ＋ me 私に言いなさい）
¿verdad? 〜ですよね？（ほんとうですか？）
ベルダッ
también 〜もまた
タンビエン

ah ああ＜感嘆詞＞
アァ
por eso なるほど
ボル　エソ
se parecen 互いに似ている
セ　パレセン
　（← parecerse）
mucho とても、たいへん
ムーチョ

疑問文と否定文

スペイン語の語順の基本

最も一般的なスペイン語の語順を、肯定文で見てみましょう。

(Yo) Soy japonesa.　私は日本人女性です。
ジョ　ソイ　　ハポネサ

Ana y Juan son españoles.　アナとフアンはスペイン人です。
アナ　イ　フアン　　ソン　　エスパニョーレス

疑問文の語順

　疑問文になっても、語順は変わりません。会話では、文の最後をしり上がりにいうと、「ああ、疑問文だな」とわかってもらえます。書く場合には、どこからどこまでが疑問文なのかをはっきりさせるために、疑問詞¿と？で囲みます。書きことばとして使われている語順は、次のようなものです。

¿Ana y Juan son españoles?
アナ　イ　フアン　ソン　エスパニョーレス

¿Son españoles Ana y Juan?
ソン　エスパニョーレス　　アナ　イ　フアン

¿Son Ana y Juan españoles?
ソン　　アナ　イ　フアン　　エスパニョーレス

アナとフアンはスペイン人ですか？

この言い方がいちばんよく使われます。

¿Pepe y Rosa son estudiantes?
ペペ　イ　ロサ　　ソン　　エストゥディアンテス

¿Son estudiantes Pepe y Rosa?
ソン　エストゥディアンテス　　ペペ　イ　ロサ

¿Son Pepe y Rosa estudiantes?
ソン　　ペペ　イ　ロサ　　エストゥディアンテス

ペペとロサは学生ですか？

このような質問文には、**Sí** または **No** で答えます。

Sí のあとは必ず
肯定文です。

Sí, son españoles.
シィ　ソン　エスパニョーレス
はい、彼らはスペイン人です。

Sí, son estudiantes.
シィ　ソン　エストゥディアンテス
はい、彼らは学生です。

No で答える場合は、どうなるでしょうか？　次の否定文を見てください。

否定文の作り方

スペイン語の否定文は、動詞の前に **no** を入れて作ります。

¿Ana es argentina?　アナはアルゼンチン人ですか?
アナ　エス　アルヘンティーナ

No のあとは必ず
否定文です。

No, no es argentina. Es peruana.
ノー　ノ　エス　アルヘンティーナ　エス　ペルアーナ
いいえ、アルゼンチン人ではありません。ペルー人です。

¿Son profesores Pepe y Rosa?　ペペとロサは教師ですか？
ソン　プロフェソーレス　ペペ　イ　ロサ

No, no son profesores. Son estudiantes.
ノー　ノ　ソン　プロフェソーレス　ソン　エストゥディアンテス
いいえ、教師ではありません。学生です。

疑問詞を使った疑問文

「どこ？」「だれ？」などの疑問詞を使った疑問文もあります。疑問詞には必ずアクセントがつきます。この場合は、動詞が必ず主語よりも前に出ます。

qué ケ	何?	¿Qué es manga?　マンガってなんですか？ ケ　エス　マンガ
quién キエン	だれ?	¿Quién es profesor?　だれが先生ですか？ キエン　エス　プロフェソール
cómo コモ	どのような?	¿Cómo es Pedro?　ペドロはどのような人ですか？ コモ　エス　ペドロ
dónde ドンデ	どこ?	¿Dónde está María?　マリアはどこですか？ ドンデ　エスタ　マリーア

1 次の文を否定文にしましょう。

① María es profesora.　マリアは教師です。
　　マリーア　エス　プロフェソーラ

_____

② María y Belén son hermanas.　マリアとベレンは姉妹です。
　　マリーア　イ　ベレン　ソン　エルマーナス

_____

③ Pedro y David son amigos.　ペドロとダビは友だちです。
　　ペドロ　イ　ダビッ　ソン　アミーゴス

_____

2 質問に答えましょう。

① ¿Sois hermanas?　きみたちは姉妹？
　　ソイス　エルマーナス

　　　　Sí, _____　ええ、私たちは姉妹よ。
　　　　シィ

　　　　　　　　　　── 男女同形です。
② ¿Es Ud. pianista?　あなたはピアニストですか？
　　エス ウステッ　ピアニスタ

　　　　No, _____
　　　　ノー
　　　　いいえ、ピアニストではありません。バイオリニスト（violinista）です。
　　　　　　　　　　　　　　　　　　　　　　　　　　　　　　　ビオリニスタ

　　　　　　　　　── 男性形です。女性形は *médica* です。
③ ¿Antonio es médico?　アントニオは医者ですか？
　　アントニオ　エス　メディコ

　　　　No, _____
　　　　ノー
　　　　いいえ、彼は医者ではありません。弁護士（abogado）です。
　　　　　　　　　　　　　　　　　　　　　　　　　　　アボガード

第4課の単語（P22 ～ P24）●●●●●●●●●●●●●●●●●●●●●●●●●●●●●●●●

pianista　ピアニスト
ピアニスタ
violinista　バイオリニスト
ビオリニスタ

médico　医者
メディコ
abogado　弁護士
アボガード

Mini-diálogo

Ana : **Oye, ¿tú eres mexicano?**
オジェ　トゥ　エレス　メヒカーノ

Juan : **No, no soy mexicano. Soy de Venezuela.**
ノー　ノ　ソイ　メヒカーノ　ソイ　デ　ベネスエラ

Ana : **Ah, eres venezolano.**
アァ　エレス　ベネソラーノ

どこの国の出身ですか？
=De dóndet ser 動詞

Juan : **Sí. Y tú, ¿de dónde eres?**
シィ　イ　トゥ　デ　ドンデ　エレス

Ana : **Soy de Perú. Soy peruana.**
ソイ　デ　ペルー　ソイ　ペルアーナ

「きみの」という意味の所有語。

Juan : **¿Cómo es tu país?**
コモ　エス　トゥ　パイース

「とても」という意味の副詞。
くり返すと強調になります。

Ana : **¡Es muy muy bonito!**
エス　ムイ　ムイ　ボニート

Venezuela
Perú

●日本語訳●

アナ　：ねえ、あなたはメキシコ人なの？
フアン：いや、違うよ。ベネズエラ出身なんだ。
アナ　：ああ、ベネズエラ人なのね。
フアン：そうだよ。で、きみはどこの出身？
アナ　：私はペルー出身。ペルー人よ。
フアン：きみの国って、どんなかな？
アナ　：とっても美しいの！

ひとくちメモ

出身地は＜SER + de + 出身地＞で

- **Soy de Japón.** 私は日本出身です。
  ソイ　デ　ハポン
- **Soy de Tokio.** 私は東京出身です。
  ソイ　デ　トキオ
- **Soy de aquí.** 私はここの出身です。
  ソイ　デ　アキ

第4課の単語 （P25）••••••••••••••••••••••••••••••••••

país 国
パイース
bonito すてきな、美しい
ボニート

国名と国籍を表すスペイン語

国名	～人	国名	～人
Argentina アルヘンティーナ アルゼンチン	**argentino** アルヘンティーノ **argentina** アルヘンティーナ	**Honduras** オンドゥーラス ホンジュラス	**hondureño** オンドゥレーニョ **hondureña** オンドゥレーニャ
Bolivia ボリビア ボリビア	**boliviano** ボリビアーノ **boliviana** ボリビアーナ	**México** メヒコ メキシコ	**mexicano** メヒカーノ **mexicana** メヒカーナ
Brasil ブラシル ブラジル	**brasileño** ブラシレーニョ **brasileña** ブラシレーニャ	**Nicaragua** ニカラグア ニカラグア	**nicaragüense** ニカラグエンセ
Chile チレ チリ	**chileno** チレーノ **chilena** チレーナ	**Panamá** パナマ パナマ	**panameño** パナメーニョ **panameña** パナメーニャ
Colombia コロンビア コロンビア	**colombiano** コロンビアーノ **colombiana** コロンビアーナ	**Perú** ペルー ペルー	**peruano** ペルアーノ **peruana** ペルアーナ
Costa Rica コスタ リカ コスタリカ	**costarricense** コスタリセンセ	**Paraguay** パラグアイ パラグアイ	**paraguayo** パラグアージョ **paraguaya** パラグアージャ
Cuba クーバ キューバ	**cubano** クバーノ **cubana** クバーナ	**República Dominicana** レプブリカ ドミニカーナ ドミニカ共和国	**dominicano** ドミニカーノ **dominicana** ドミニカーナ
Ecuador エクアドール エクアドル	**ecuatoriano** エクアトリアーノ **ecuatoriana** エクアトリアーナ	**Uruguay** ウルグアイ ウルグアイ	**uruguayo** ウルグアージョ **uruguaya** ウルグアージャ
El Salvador エル サルバドール エルサルバドル	**salvadoreño** サルバドレーニョ **salvadoreña** サルバドレーニャ	**Venezuela** ベネスエラ ベネズエラ	**venezolano** ベネソラーノ **venezolana** ベネソラーナ
Guatemala グアテマラ グアテマラ	**guatemalteco** グアテマルテコ **guatemalteca** グアテマルテカ	**España** エスパーニャ スペイン	**español** エスパニョール **española** エスパニョーラ

国名	～人	国名	～人
Francia フランシア フランス	**francés** フランセス **francesa** フランセサ	**Japón** ハポン 日本	**japonés** ハポネス **japonesa** ハポネサ
Alemania アレマニア ドイツ	**alemán** アレマン **alemana** アレマーナ	**China** チナ 中国	**chino** チノ **china** チナ
Portugal ポルトゥガル ポルトガル	**portugués** ポルトゥゲス **portuguesa** ポルトゥゲサ	**Corea del Sur** コレア　デル　スール 韓国	**surcoreano** スルコレアーノ **surcoreana** スルコレアーナ
Estados Unidos エスタードス　ウニードス アメリカ合衆国	**estadounidense** エスタドウニデンセ	**Corea del Norte** コレア　デル　ノルテ 北朝鮮	**norcoreano** ノルコレアーノ **norcoreana** ノルコレアーナ

＊国名は英語と同じように大文字で書きはじめます。
＊「～人」は英語とは異なり、小文字で書きはじめます。

　スペイン語を母国語とする国
　このページに出てくるそれ以外の国

27

形容詞

形容詞の役割とその形

　形容詞は名詞を修飾（説明）するためのものです。修飾する名詞の性や数に応じて、語尾変化します。

	男性形	女性形	複数形	
語尾が o の場合	**blanco** 白い ブランコ	**blanca** ブランカ	**blancos** ブランコス	**blancas** ブランカス
語尾が o 以外の場合	**verde** 緑の ベルデ	**verde** ベルデ	**verdes** ベルデス	
語尾が子音の場合	**azul** 青い アスール	**azul** アスール	**azules** アスーレス	

SER と組み合わせる形容詞

SER 動詞といっしょに使われて、主語の形や性質、状態を表します。

¿Cómo es Antonio?　アントニオはどのような人ですか？
コモ　エス　アントニオ

Antonio es alto.　アントニオは背が高い。
アントニオ　エス　アルト

Antonio es rubio.　アントニオは金髪です。
アントニオ　エス　ルビオ

Antonio es simpático.　アントニオは感じがよい。
アントニオ　エス　シンパティコ

¿Cómo es María?　マリアはどのような人ですか？
コモ　エス　マリーア

主語の性に応じて、変化していますね。

María es alta.　マリアは背が高い。
マリーア　エス　アルタ

María es rubia. マリアは金髪です。
マリーア　エス　ルビア

María es simpática. マリアは感じがよい。
マリーア　エス　シンパティカ

主語が複数になると、形容詞の語尾も複数になります。

¿Cómo son Antonio y María? アントニオとマリアはどのような人ですか？
コモ　ソン　アントニオ　イ　マリーア

Antonio y María son altos. アントニオとマリアは背が高い。
アントニオ　イ　マリーア　ソン　アルトス

男女が混じっている場合は、
男性形です。

形容詞の位置

❶形や性質を表す形容詞 → 名詞の後ろ

coche rojo　　　coches rojos　　　赤い車
コチェ　ロホ　　　コチェス　ロホス

修飾するものの性と数に一致しています。

flor amarilla　　flores amarillas　黄色い花
フロール　アマリージャ　　フローレス　アマリージャス

Check　名詞の前に形容詞が置かれると、意味が変わる場合があります。

hombre grande　大きな男　→　gran hombre　偉大な男
オンブレ　グランデ　　　　　　グラン　オンブレ

chico pobre　貧しい少年　→　pobre chico　かわいそうな少年
チコ　ポブレ　　　　　　　　　ポブレ　チコ

grande は、男性単数名詞の前では
gran になります。

❷数や所有を表す形容詞 → 名詞の前

dos mesas　2つのテーブル
ドス　メサス　　所有形容詞。詳しくは
　　　　　　　　第 11 課で説明します。

mi casa　私の家
ミ　カサ

tres sillas　3つのいす
トレス　シジャス

tu hermano　きみの弟
トゥ　エルマーノ

＊1～10 の数字

1 **uno**	2 **dos**	3 **tres**	4 **cuatro**	5 **cinco**
ウノ	ドス	トレス	クアトロ	シンコ
6 **seis**	7 **siete**	8 **ocho**	9 **nueve**	10 **diez**
セイス	シエテ	オチョ	ヌエベ	ディエス

1 単数形は複数形に、複数形は単数形に書き換えましょう。

① pantalones negros　黒いズボン
　　パンタロネス　　ネグロス

② falda roja　赤いスカート
　　ファルダ　ロハ

③ blusas pequeñas　小さなブラウス
　　ブルサス　　ペケーニャス

④ camiseta grande　大きなTシャツ
　　カミセタ　　グランデ

⑤ cinturón ancho　幅広のベルト
　　シントゥロン　アンチョ

2 （　）の形容詞を正しい形にしましょう。

① Sevilla es (hermoso).　セビージャは美しい。
　　セビージャ　エス

② Los españoles son (simpático).　スペイン人たちは感じがよい。
　　ロス　　エスパニョーレス　ソン

③ Mi casa es (pequeño).　私の家は小さい。
　　ミ　カサ　エス

④ Mi hermana es (amable).　私の姉は親切です。
　　ミ　　エルマーナ　エス

⑤ Pepe y Ana son (antipático).　ペペとアナは感じが悪い。
　　ペペ　イ　アナ　ソン

第5課の単語（P28 ～ P29）●●●●●●●●●●●●●●●●●●●●●●●●●●

blanco　白い
ブランコ
verde　緑の
ベルデ
azul　青い
アスール
rojo　赤い
ロホ
amarillo　黄色い
アマリージョ
alto　背が高い
アルト
rubio　金髪の
ルビオ

simpático　感じのよい
シンパティコ
antipático　感じの悪い
アンティパティコ
amable　親切な
アマーブレ
grande　大きな
グランデ
pequeño　小さな
ペケーニョ
mesa　テーブル
メサ
silla　いす
シジャ

30

Juan : **Oye, ¿quién es tu profesor?**
オジェ　　キエン　エス　トゥ　プロフェソール

Ana : **Antonio, Antonio Lázaro.**

Juan : **¿Cómo es él?**

Ana : **Es alto, rubio y simpático. ¿Por qué?**
エス　アルト　　ルビオ　イ　　シンパティコ　　　　　ポル　ケ

「どうして？」という意味の疑問語。

Juan : **¡Entonces es mi hermano!**
エントンセス　エス　ミ　エル**マー**ノ

Ana : **¡Qué casualidad!**

¿?と同じように文の前後につけて、
感嘆文であることを¡!で示します。

第5課　形容詞

●日本語訳●

フアン：ねぇ、きみの先生ってだれ？
アナ　：アントニオ、アントニオ・ラサロよ。
フアン：彼はどんな人？
アナ　：背が高くて、金髪で、感じがいいわ。どうして？
フアン：じゃあ、ぼくの兄貴だよ！
アナ　：なんて偶然なんでしょ！

ひとくちメモ
コンマと y
　名詞なら名詞、形容詞なら形容詞が３つ以上並ぶ場合は、A, B, C y D のようにコンマで区切って、最後の１つ前に y または o を入れます。
● **Es alto, rubio y simpático.**
　エス　アルト　　ルビオ　イ　　シンパティコ

第5課の単語（P30 ～ P31）●●●●●●●●●●●●●●●●●●●●●●●●●●●

pantalón　ズボン
パンタロン
negro　黒い
ネグロ
falda　スカート
ファルダ
blusa　ブラウス
ブルサ
camiseta　Ｔシャツ
カミセタ

cinturón　ベルト
シントゥロン
ancho　幅の広い
アンチョ
entonces　それでは＜接続詞＞
エントンセス
casualidad　偶然
カスアリダッ

DL
6

ESTAR 動詞

ESTAR 動詞とその活用

estar は ser と同じく、英語の be 動詞にあたります。不規則活用します。

yo ジョ	estoy エストイ	nosotros ノソトロス nosotras ノソトラス	estamos エスタモス
tú トゥ	estás エスタス	vosotros ボソトロス vosotras ボソトラス	estáis エスタイス
él エル ella エジャ Ud. ウステッ	está エスタ	ellos エジョス ellas エジャス Uds. ウステデス	están エスタン

ESTAR 動詞の用法

❶形容詞や副詞と組み合わせて主語の一時的な状態を表す

¿Cómo estás? 様子はどう？（元気？）
　コモ　　　エスタス

　　　　Estoy bien. 元気だよ。　　　主語に応じて形容詞の語尾が変
　　　　エストイ　ビエン　　　　　　　　化していることに注意。

María está animada. マリーアははりきっている。
マリーア　エスタ　　アニマーダ

Pepe está animado. ペペははりきっている。
ペペ　エスタ　アニマード

María y Pepe están animados. マリアとペペははりきっている。
マリーア　イ　ペペ　エスタン　　アニマードス

Disneylandia と a で終わっている
ので、女性名詞とみなします。

Disneylandia está cerrada ya.　ディズニーランドはもう閉まっている。
ディズニィランディア　エスタ　セラーダ　ジャ

Todo está preparado.　すべて準備ができている（状態だ）。
トード　エスタ　プレパラード

❷人やものの所在を表す

¿Dónde está Sevilla?　セビージャはどこにありますか？
ドンデ　エスタ　セビージャ

「～に」と場所を表す前置詞。

Está en Andalucía.　アンダルシアにあります。
エスタ　エン　アンダルシーア

¿Dónde están Ana y María?　アナとマリアはどこにいますか？
ドンデ　エスタン　アナ　イ　マリーア

Están en clase.　教室にいます。
エスタン　エン　クラセ
様態を表す前置詞。

Check　＜estar de ＋ 名詞＞ で「～中です」という表現になります。

Estamos de vacaciones.　私たちは休暇中です。
エスタモス　デ　バカシオネス

Están de viaje.　（彼らは）旅行中だ。
エスタン　デ　ビアヘ

Está de obras.　工事中。
エスタ　デ　オブラス

SER 動詞と ESTAR 動詞の違い

ser と **estar** は、どちらも主語の状態を表します。ただし、**ser** は「永続的な状態」を、**estar** は「一時的な状態」を表します。

Javier es guapo.　ハビエルはハンサムだ。（永続的）
ハビエル　エス　グアポ

Javier está guapo hoy.　ハビエルは今日、めかしこんでいてかっこいい。（一時的）
ハビエル　エスタ　グアポ　オイ

María es nerviosa.　マリアは神経質だ。（永続的）
マリーア　エス　ネルビオーサ

María está nerviosa.　マリアはいらいらしている。（一時的）
マリーア　エスタ　ネルビオーサ

1 estar を正しい形に活用させましょう。

① ¿Cómo (　　　　)?　きみたち、元気かい？
コモ

「しかし」という接続詞。

Nosotros estamos bien, pero María no (　　　　) bien.
ノソトロス　　エスタモス　　ビエン　　ペロ　　マリーア　　ノ　　　　　　　　ビエン
私たちは元気です。でも、マリアはそうではありません。

② María y Ana (　　　　) enfermas.　マリアとアナは病気です。
マリーア　イ　アナ　　　　　　　　エンフェルマス

「パナマ運河」です。

③ El Canal de Panamá (　　　　) en el continente americano.
エル　カナル　デ　パナマ　　　　　　　　　　エン　エル　　コンティネンテ　　アメリカーノ
パナマ運河はアメリカ大陸にあります。

④ Oye, (　　　　) muy guapa hoy.　¡Gracias!
オジェ　　　　　　　　ムイ　グアパ　オイ　　　グラシアス
ねえ、きみ今日はとってもきれいだね。　ありがとう！

2 ser か estar のどちらかを選んで正しい形を書きましょう。

① ¿Cómo (　　　　)?　Estoy bien, gracias.
コモ　　　　　　　エストイ　ビエン　グラシアス
元気？　　　　　　元気よ、ありがとう。

② ¿Cómo (　　　　) Antonio?　(　　　　) alto.
コモ　　　　　　　アントニオ　　　　　　　　アルト
アントニオはどんな人ですか？　　背が高いよ。

③ Mi casa (　　　　) grande.　私の家は大きい。
ミ　カサ　　　　　　　グランデ

④ Yuki y Yukari (　　　　) en Tokio.　ユキとユカリは東京にいます。
ユキ　イ　ユカリ　　　　　　　　エン　トキオ

第6課の単語 (P32 ～ P33) ●●●●●●●●●●●●●●●●●●●●●●●

bien　元気で、順調で
ビエン
animado　はりきった
アニマード
cerrado　閉まっている
セラード
preparado　準備のできた
プレパラード
clase　教室
クラセ

guapo　かっこいい
グアポ
nervioso　神経質な、いらいらした
ネルビオーソ
enfermo　病気の
エンフェルモ
hoy　今日
オイ

34

Mini-diálogo

Ana : **Hola, Juan, ¿qué tal?**
オラ　フアン　ケ　タル

Juan : **Estoy un poco cansado. Y tú, ¿cómo estás?**
エストイ　ウン　ポコ　カンサード　イ　トゥ　コモ　エスタス

Ana : **Yo estoy bien. ¡ Venga, anímate !**
ジョ　エストイ　ビエン　ベンガ　アニマテ

親しい友だちを励ますときに
よく使います。

Juan : **Gracias, hasta luego.**
グラシアス　アスタ　ルエゴ

Ana : **Adiós, hasta luego.**
アディオス　アスタ　ルエゴ

●日本語訳●

アナ　：あら、フアン、元気？
フアン：ちょっと疲れてるんだ。
　　　　きみは？　元気？
アナ　：私は元気よ。ほら、元気だして！
フアン：ありがとう。じゃあまた。
アナ　：さようなら、またね。

ひとくちメモ

別れのあいさつ

Adiós（さようなら）には、次のようなことばを組み合わせましょう。
アディオス
- **Hasta luego.** またあとで。
アスタ　ルエゴ
- **Hasta mañana.** また明日ね。
アスタ　マニャーナ
- **Hasta pronto.** またいつか。
アスタ　プロント

第6課の単語（P35）

¿qué tal? 様子はどうだい？（元気？）
ケ　タル
un poco 少し、ちょっと
ウン　ポコ
cansado 疲れた
カンサード
venga ほら、さあ
ベンガ

anímate きみ、元気だしなよ（← animarse）
アニマテ
gracias ありがとう
グラシアス
adiós さようなら
アディオス

TENER 動詞

TENER 動詞とその活用

tener は「持つ」という意味の動詞で、不規則活用します。

yo ジョ	**tengo** テンゴ	**nosotros** ノソトロス **nosotras** ノソトラス	**tenemos** テネモス
tú トゥ	**tienes** ティエネス	**vosotros** ボソトロス **vosotras** ボソトラス	**tenéis** テネイス
él エル **ella** エジャ **Ud.** ウステッ	**tiene** ティエネ	**ellos** エジョス **ellas** エジャス **Uds.** ウステデス	**tienen** ティエネン

TENER 動詞の用法

❶「持つ」「家族や友人がいる」という意味を表す

Tengo tres hermanos.　私には兄弟が3人います。
テンゴ　トレス　エルマーノス

Tú tienes muchos amigos.　きみには友だちがたくさんいる。
トゥ　ティエネス　ムーチョス　アミーゴス

❷年齢を表す → tener + 数字 + años

¿Cuántos años tienes?　きみは何歳ですか?
クアントス　アーニョス　ティエネス

Tengo ocho años.　私は8歳です。
テンゴ　オチョ　アーニョス　── 1歳の場合には単数形です。

Ellos tienen diez años. 彼らは 10 歳です。
エジョス　ティエネン　ディエス　アーニョス

❸「暑い」「寒い」「眠い」などの慣用表現

Tengo calor. 私は暑い。
テンゴ　　カロール

Tengo frío. 私は寒い。
テンゴ　フリーオ

Mi hermano tiene sueño. 弟は眠たがっている。
ミ　　エルマーノ　ティエネ　スエニョ

Tenemos sed. 私たちはのどが渇いている。
テネモス　　セッ

Ellos tienen hambre. 彼らはおなかがすいている。
エジョス　ティエネン　アンブレ　　　　　　　無冠詞です。

❹痛み（tener dolor de + 体の各部分）を表す

Tengo dolor de cabeza. 私は頭が痛い。
テンゴ　　ドロール　デ　　カベサ

Tú tienes dolor de espalda. きみは背中が痛い。
トゥ　ティエネス　ドロール　デ　　エスパルダ

Tenemos dolor de garganta. 私たちはのどが痛い。
テネモス　　ドロール　デ　　ガルガンタ

> **Check** cuánto は「いくつの？」という意味の疑問形容詞で、後ろにくる名詞の性
> と数によって語尾変化します。
> **¿Cuántos niños tienen ellos?** 彼らには子どもが何人いますか？
> クアントス　ニーニョス　ティエネン　エジョス
> **Tienen cuatro niños.** 4 人います。
> ティエネン　クアトロ　ニーニョス
> **¿Cuántas hermanas tienes tú?** あなたには姉妹が何人いますか？
> クアンタス　エルマーナス　ティエネス　トゥ
> **Tengo dos hermanas.** ふたりいます。
> テンゴ　ドス　エルマーナス

37

練習問題 ●解答は P233

1 (　　) の tener を正しい形に活用させましょう。

① Ana (tener) siete años y Pepe (tener) diez años.
　　アナ　　　　　　シエテ　アーニョス　イ　　ペペ　　　　　　　ディエス　アーニョス
　アナは7歳でペペは10歳です。

② Nosotros (tener) hambre.　私たちはおなかがすいています。
　　ノソトロス　　　　　　アンブレ

③ Yo (tener) sueño.　私は眠い。
　　ジョ　　　　スエニョ

④ Tú (tener) dolor de cabeza.　きみは頭が痛い。
　　トゥ　　　　　　ドロール　デ　　カベサ

⑤ ¿(Tener) Ud. frío?　あなた、寒いですか？
　　　　　　ウステッ　フリーオ

⑥ ¿(Tener) sed vosotros?　きみたち、のどが渇いていますか？
　　　　　　セッ　　ボソトロス

2 (　　) の中の単語を正しい形にしましょう。

① ¿(Cuánto) años tiene Ud.?　あなたは何歳ですか？
　　　　　　アーニョス　ティエネ　ウステッ

　　　　　(Tener) 20 años.　20歳です。
　　　　　　ベインテ　アーニョス

② ¿(Cuánto) flores tiene Ana?　アナは花をいくつ持っていますか？
　　　　　　フローレス　ティエネ　アナ

　　　　　(Tener) cuatro flores.　4本持っています。
　　　　　　クアトロ　　　フローレス

第7課の単語 (P36 ～ P38) ●●●●●●●●●●●●●●●●●●●●●●●●●●●●

mucho　たくさんの
ムーチョ
amigo　友だち
アミーゴ
año　～歳
アーニョ
calor　暑い
カロール
frío　寒い
フリーオ
sueño　眠気
スエニョ

sed　のどの渇き
セッ
dolor　痛み
ドロール
cabeza　頭
カベサ
espalda　背中
エスパルダ
garganta　のど
ガルガンタ
hambre　空腹
アンブレ

38

Mini-diálogo

Ana : **Hola, ¿qué tal?**
オラ　　　ケ　タル

Juan : **No estoy bien.**
ノ　エストイ　ビエン

Tengo fiebre y dolor de cabeza.
テンゴ　フィエブレ　イ　ド－ル　デ　カベサ

Ana : **Pues yo tengo dolor de garganta.**
プエス ジョ テンゴ　ド－ル　デ　ガルガンタ

Juan : **¡Vaya! ¡ Que te mejores pronto !**
バジャ　　　ケ　テ　メホ－レス　　プロント

Ana : **Gracias, igualmente. Hasta luego.**
グラシアス　　　イグアルメンテ　　　アスタ　　ルエゴ

Juan : **Hasta luego.**
アスタ　　　ルエゴ

> 「お大事に」（早くよくなってください）
> という表現。ud. に対しては
> *¡Que se mejore pronto!*

●日本語訳●

> アナ　：どう、元気？
> フアン：いや、あんまりよくないんだ。
> 　　　　熱があるし、頭も痛いし。
> アナ　：そう、私はのどが痛いのよ。
> フアン：なんだ、大事にしなよ。
> アナ　：あなたもね。じゃあまた。
> フアン：またな。

ひとくちメモ

Igualmente

「あなたもね」と同じ気持ちを伝えたいときに使います。

● **¡Que lo pases bien!**　楽しんでいらっしゃい！
　　ケ　ロ　パセス　ビエン
● **Cuídate.**　気をつけて。用心しなさい。
　　クイダテ

→ **Igualmente.**　あなたもね。
　　イグアルメンテ

第7課の単語 (P39) ●●●●●●●●●●●●●●●●●●●●●●●●●

fiebre　熱
フィエブレ
pues　そうかぁ
プエス
te mejores　きみが元気になる（← mejorarse）
テ　メホ－レス

pronto　早く
プロント
vaya　なんてことだ
バジャ
igualmente　同様に
イグアルメンテ

DL
8

冠詞①

定冠詞と不定冠詞

定冠詞は英語の **the** にあたり、不定冠詞は英語の **a** ／ **an**（複数は **some**）にあたります。後ろに置かれる名詞の性と数に応じて、冠詞の形も変わります。

	不定冠詞		定冠詞	
	単数	複数	単数	複数
男性	un niño ウン ニーニョ	unos niños ウノス ニーニョス	el niño エル ニーニョ	los niños ロス ニーニョス
女性	una niña ウナ ニーニャ	unas niñas ウナス ニーニャス	la niña ラ ニーニャ	las niñas ラス ニーニャス

冠詞の用法

❶不定冠詞 → 初出のもの、特定しないものに使う

❷定冠詞　 → 話者同士がすでに了解しているものに使う

Tengo un coche.　私は車を1台持っています。
テンゴ　ウン　コチェ

El coche es rojo.　その車は赤です。
エル　コチェ　エス　ロホ

El coche es japonés.　その車は日本車です。
エル　コチェ　エス　ハポネス

「～がある」という表現（第16課参照）。

Hay una casa grande.　大きな家が1軒あります。
アイ　ウナ　カサ　グランデ

La casa tiene jardín.　その家には庭があります。
ラ　カサ　ティエネ　ハルディン

所有を表す前置詞（第15課参照）。

La casa es de Ana.　その家はアナの家です。
ラ　カサ　エス　デ　アナ

無冠詞となる場合

次の場合には、原則として無冠詞です。

❶職業や国籍、宗教などを表す場合

Pepe es estudiante. ペペは学生です。
ペペ エス エストゥディアンテ

Ana es española. アナはスペイン人です。
アナ エス エスパニョーラ

Soy budista. 私は仏教徒です。
ソイ ブディスタ

❷人への呼びかけ

Sra. Álvarez, ¿cómo está? アルバレス夫人、お元気ですか？
セニョーラ アルバレス コモ エスタ

¡Hola, Don Manuel! やあ、マヌエルさん！
オラ ドン マヌエル

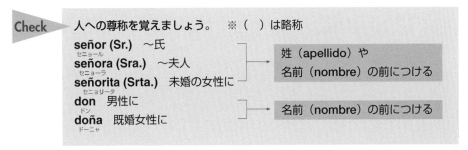

Check ▶ 人への尊称を覚えましょう。 ※（ ）は略称

señor (Sr.) 〜氏
セニョール
señora (Sra.) 〜夫人 ── 姓（apellido）や
セニョーラ 名前（nombre）の前につける
señorita (Srta.) 未婚の女性に
セニョリータ
don 男性に ── 名前（nombre）の前につける
ドン
doña 既婚女性に
ドーニャ

❸都市名や国名

Estoy en Sevilla. 私はセビージャにいます。
エストイ エン セビージャ

Estamos en España. 私たちはスペインにいます。
エスタモス エン エスパーニャ

＊ **Los Ángeles** や、**El Salvador** などは冠詞が地名の一部になっています。
必ず冠詞をつけ、冠詞も大文字で書きます。

1 （　　）に正しい不定冠詞を入れましょう。不要な場合は×をつけてください。

① Tengo （　　） hermano.　弟＜単数＞がいます。
テンゴ　　　　　　エルマーノ

② Hay （　　） casa blanca.　白い家＜単数＞があります。
アイ　　　　カサ　　ブランカ

③ Hay （　　） chicos rubios.　金髪の男の子＜複数＞がいます。
アイ　　　　チコス　ルビオス

④ Ana es （　　） española.　アナはスペイン人女性です。
アナ　エス　　　　エスパニョーラ

2 （　　）に正しい冠詞を入れましょう。不要な場合は×をつけてください。

① Buenos días, （　　） Sr. Rodríguez.　おはようございます、ロドリゲスさん。
ブエノス　ディアス　　　　セニョール　ロドリゲス

　　Buenos días, Manuel.　おはよう、マヌエル。
ブエノス　ディアス　マヌエル

② ¿Dónde está Antonio?　アントニオはどこにいますか？
ドンデ　エスタ　アントニオ

　　Está en （　　） Ángeles.　ロサンゼルスにいます。
エスタ　エン　　　　アンヘレス

③ Ana y Juan están en （　　） México.　アナとフアンはメキシコにいます。
アナ　イ　フアン　エスタン　エン　　　　メヒコ

④ Ana es （　　） española y es （　　） estudiante.
アナ　エス　　　　エスパニョーラ　イ　エス　　　　エストゥディアンテ
アナはスペイン人女性で学生です。

第8課の単語 (P40〜P42) ●●●●●●●●●●●●●●●●●●●●●●●●●●●

jardín　庭
ハルディン
don　男性への尊称
ドン

doña　既婚女性への尊称
ドーニャ

42

Mini-diálogo

Juan : **Tengo una casa de campo.**
テンゴ ウナ カサ デ カンポ

Ana : **¿De verdad? ¿Dónde está la casa?**
デ ベルダッ ドンデ エスタ ラ カサ

Juan : **Está en el norte de Madrid.**
エスタ エン エル ノルテ デ マドリッ

Ana : **¿Cómo es la casa?**
コモ エス ラ カサ

Juan : **Es pequeña pero muy bonita.**
エス ペケーニャ ペロ ムイ ボニータ

¿ Por qué no vamos mañana?
ポル ケ ノ バモス マニャーナ

「～しない？」と親しい間柄
で使われる勧誘の表現です。

Ana : **Sí, vamos.**
シィ バモス

●日本語訳●

フアン ： ぼくは別荘を持ってるんだ。
アナ ： ほんとう？　どこにあるの？
フアン ： マドリードの北にあるんだよ。
アナ ： どんな家？
フアン ： 小さな家だけど、とってもいい感じだよ。
　　　　 明日行かない？
アナ ： ええ、行きましょう。

第8課の単語 (P43) ●●●●●●●●●●●●●●●●●●●●●●●●●●●●

campo 田舎
カンポ
casa de campo 別荘
カサ デ カンポ
¿de verdad? ほんとう？
デ ベルダッ

norte 北
ノルテ
vamos （私たちは）行く（← ir）
バモス
mañana 明日
マニャーナ

IR 動詞

IR 動詞とその活用

ir は「行く」という意味の動詞で、不規則活用します。

yo ジョ	**voy** ボイ	**nosotros** ノソトロス **nosotras** ノソトラス	**vamos** バモス
tú トゥ	**vas** バス	**vosotros** ボソトロス **vosotras** ボソトラス	**vais** バイス
él エル ella エジャ Ud. ウステッ	**va** バ	**ellos** エジョス **ellas** エジャス **Uds.** ウステデス	**van** バン

IR 動詞の用法

❶ir a + 場所 →「～へ行く」という意味を表す

Voy a México. 私はメキシコへ行きます。
ボイ ア メヒコ
————— 場所を表す前置詞。

¿Vas a Sevilla? きみ、セビージャへ行くの？
バス ア セビージャ

　　Sí, voy a Sevilla. はい、セビージャへ行きます。
　　シィ ボイ ア セビージャ

　　No, voy a Granada. いいえ、グラナダへ行きます。
　　ノー ボイ ア グラナダ

Voy a la escuela. 私は学校へ行きます。
ボイ ア ラ エスクエラ

María va al médico.　マリアは医者へ行きます。
マリーア　バ　アル　メディコ

a + el → al になります。

Ana y María van al cine.　アナとマリアは映画館へ行きます。
アナ　イ　マリーア　バン　アル　シネ

不定詞とは、活用していないときの動詞の形です。

❷ **ir a +** 動詞の不定詞 →「～するつもりだ」という近い将来の行動を表す

Voy a ir a Madrid.　私はマドリードに行くつもりです。
ボイ　ア イール ア　　マドリッ

Ana va a viajar a Londres.　アナはロンドンへ旅行する予定です。
アナ　バ　ア　ビアハール ア　ロンドレス

¿Vas a estudiar español?　きみはスペイン語を勉強するつもりですか？
バス　ア エストゥディアール エスパニョール

　　Sí, voy a estudiar español.　はい、スペイン語を勉強します。
　　シィ　ボイ　ア エストゥディアール エスパニョール

　　No, voy a estudiar francés.　いいえ、フランス語を勉強します。
　　ノー　ボイ　ア エストゥディアール　フランセス

❸ 1人称複数形 **vamos** →「～しましょう」と勧誘を表すことがある

Vamos a la playa.　浜辺へ行きましょうよ。
バモス　　ア　ラ　プラジャ

¿Vamos a la montaña?　山へ行きましょうか？
バモス　　ア　ラ　モンターニャ

Vamos a trabajar.　仕事をしましょうよ。
バモス　　ア　トラバハール

Vamos a estudiar.　勉強をしましょうよ。
バモス　　ア エストゥディアール

Check　**¿Por qué...?** は「どうして？」という意味の疑問詞です。これを文頭において
ポル　ケ
¿Por qué no vamos...? とすると、「どうして～しないの？」→「～しましょ
ポル　ケ ノ　バモス
うよ」という親しい間柄での勧誘の表現になります。

¿Por qué no vamos a la montaña?　山へ行かない？
ポル　ケ ノ　バモス　ア ラ　モンターニャ
Sí, vamos.　ああ、行こう。
シィ　バモス

練習問題 ●解答は P233

1 （　　）に ir の正しい活用形を入れましょう。

① Yo （　　　　） a estudiar español.　私はスペイン語を勉強するつもりです。
　　ジョ　　　　　　　ア エストゥディアール　エスパニョール

② Ella （　　　　） a viajar a Francia.　彼女はフランスへ旅行するつもりです。
　　エジャ　　　　　　　ア　ビアハール　ア　　フランシア

③ Juan （　　　　　） a trabajar en Perú.　フアンはペルーで働くつもりです。
　　フアン　　　　　　　　ア　トラバハール　エン　ペルー

④ Vosotros （　　　　） a jugar al tenis.　きみたちはテニスをするつもりだ。
　　ボソトロス　　　　　　　ア　フガール　アル　テニス
　　　　　　　　　　　　　　　　　　　　　　「～のスポーツをする」という表現。

⑤ Tú y Juan （　　　　） a jugar al golf.　きみとフアンはゴルフをするつもりだ。
　　トゥ イ　フアン　　　　　ア　フガール　アル　ゴルフ

⑥ Tú y yo （　　　　） a jugar al fútbol.　きみとぼくはサッカーをするつもりだ。
　　トゥ イ ジョ　　　　　ア　フガール　アル　フッボル

⑦ Pepe y David （　　　　） a jugar al béisbol.
　　ペペ イ　ダビッ　　　　　　ア　フガール　アル　ベイスボル
　ペペとダビは野球をするつもりだ。

2 勧誘の表現にしてみましょう。

① ¿（　　　　） al cine?　映画に行きましょうか？
　　　　　　　アル　シネ

② ¿（　　　　） a bailar?　踊りましょうか？
　　　　　　　ア　バイラール

　上の①②の文を ¿Por qué no...? を使った表現に書き換えてみましょう。

③ ¿Por qué _____ ?
　　ポル　ケ

④ ¿Por qué _____ ?
　　ポル　ケ

第9課の単語 （P44 ～ P46) ●●●●●●●●●●●●●●●●●●●●●●●●●●●●●●●●

escuela　学校
エスクエラ
cine　映画館
シネ
viajar　旅行する
ビアハール
estudiar　勉強する
エストゥディアール
español　スペイン語
エスパニョール

francés　フランス語
フランセス
playa　浜辺
プラジャ
montaña　山
モンターニャ
trabajar　働く
トラバハール
jugar　遊ぶ
フガール

tenis　テニス
テニス
golf　ゴルフ
ゴルフ
fútbol　サッカー
フッボル
béisbol　野球
ベイスボル
bailar　踊る
バイラール

46

Mini-diálogo

Juan : **¿A dónde vas?**
ア ドンデ バス

Ana : **Voy a la biblioteca.**
ボイ ア ラ ビブリオテカ

Juan : **Vamos juntos. Voy a leer una novela de Mishima.**
バモス フントス ボイ ア レエール ウナ ノベラ デ ミシマ

Ana : **Pues yo voy a leer manga.**
プエス ジョ ボイ ア レエール マンガ

Juan : **Anda, entonces yo también voy a leer manga.**
アンダ エントンセス ジョ タンビエン ボイ ア レエール マンガ

●日本語訳●

フアン ： どこへ行くの？
アナ ： 図書館よ。
フアン ： いっしょに行こう。ぼくは三島の小説を読もう。
アナ ： えーっと、私はマンガを読むのよ。
フアン ： なんだ、じゃ、ぼくもマンガを読むよ。

ひとくちメモ

ことばを返すときの表現

　口ごもったり、驚いたり、相手の言ったことを受けて答えたりするときに便利なことばがあります。

- **pues** 「えーっと」と言いにくいことを言うときに口をついて出る接続詞
プエス
- **entonces** 「それでは」と相手に合わせてニュートラルに答える接続詞
エントンセス
- **pero** 「しかし」と反対意見を言うときの接続詞
ペロ
- **anda** 驚きを表したり、「ほらほら」と人を元気づけたりする表現
アンダ
- **vaya** anda と同じく驚きを表す。また、「ちくしょう」「やれやれ」などの怒り
バジャ 　アンダ　や不快感を表現することもある。この違いは声の調子で判断でき、Ud.に
　　　　　　　　　　　　　　　　　　　　　　　　　　　　　　　　　　ウステッ
　なっても形は vaya のまま
　　　　　　　　　バジャ

第9課の単語（P47）・・・

biblioteca 図書館
ビブリオテカ
junto いっしょに
フント

leer 読む
レエール
novela 小説
ノベラ

manga マンガ
マンガ

規則活用の -ar 動詞・-er 動詞・-ir 動詞

規則活用する動詞

　スペイン語の動詞には、規則活用するものと不規則活用するものがあります。不規則活用する動詞は、これまでに説明した **ser** ／ **estar** ／ **tener** ／ **ir** 以外にも数限りなくあります。1 つずつ辞書で調べて、覚えていきましょう。

　それに対して、規則活用する動詞は 3 種類あります。動詞の原形（不定詞）の語尾によって、**-ar** 動詞、**-er** 動詞、**-ir** 動詞の 3 種類です。

3種類の規則活用動詞

　代表的な 3 つの動詞を例に、活用のしかたを見てみましょう。語根は変化せず、語尾だけが変化します。

❶ **-ar** 動詞　**estudiar**（勉強する）

ここが語根です。　エストゥディアール　ここが語尾です。

	単数	複数
1 人称	estudio エストゥディオ	estudiamos エストゥディアモス
2 人称	estudias エストゥディアス	estudiáis エストゥディアイス
3 人称	estudia エストゥディア	estudian エストゥディアン

その他の **-ar** 動詞

hablar 話す
アブラール

cantar 歌う
カンタール

escuchar 聞く
エスクチャール

trabajar 働く
トラバハール

¿Estudias alemán?　きみはドイツ語を勉強しているの？
エストゥディアス　　アレマン

No. Estudio español.　いいや。スペイン語を勉強しているよ。
ノー　エストゥディオ　エスパニョール

Ana estudia mucho.　アナはすごく勉強しています。
アナ　エストゥディア　ムーチョ

❷ **-er** 動詞　**comer**（食べる）
コメール

	単数	複数
1人称	**como** コモ	**comemos** コメモス
2人称	**comes** コメス	**coméis** コメイス
3人称	**come** コメ	**comen** コメン

その他の -er 動詞

beber 飲む
ベベール

vender 売る
ベンデール

leer 読む
レエール

aprender 学ぶ
アプレンデール

Comemos paella. 私たちはパエジャを食べます。
コメモス　　　パエジャ

Coméis sushi. きみたちは寿司を食べます。
コメイス　　スシ

「私の」という所有語。複数形です。

Mis hermanos comen poco. ぼくの兄弟は少ししか食べない。
ミス　エルマーノス　コメン　ポコ

❸ **-ir** 動詞　**vivir**（住む）
ビビール

	単数	複数
1人称	**vivo** ビボ	**vivimos** ビビモス
2人称	**vives** ビベス	**vivís** ビビス
3人称	**vive** ビベ	**viven** ビベン

その他の -ir 動詞

abrir あける
アブリール

escribir 書く
エスクリビール

recibir 受け取る
レシビール

partir 出発する
パルティール

Vivo en Kioto. 私は京都に住んでいます。
ビボ　エン　キオト

¿Vivís juntos? きみたちはいっしょに住んでいるの？
ビビス　フントス

Sí, vivimos juntos en Kamakura. はい、いっしょに鎌倉に住んでいます。
シィ　ビビモス　フントス　エン　カマクラ

49

1 次の動詞の活用形を書きましょう。

	①cantar(歌う) カンタール	②escuchar(聞く) エスクチャール	③leer(読む) レエール
yo			
tú			
él			
nosotros			
vosotros			
ellos			

	④beber (飲む) ベベール	⑤escribir(書く) エスクリビール	⑥abrir(あける) アブリール
yo			
tú			
él			
nosotros			
vosotros			
ellos			

2 （　　）の動詞は規則活用します。正しい形に活用させましょう。

① Yo (fumar).　私はタバコを吸う。
　ジョ

② ¿Tú (aprender) historia?　きみは歴史を勉強しているの？
　トゥ　　　　　　　　イストリア

③ Nosotros (trabajar) mucho.　われわれはすごく働いている。
　ノソトロス　　　　　　　ムーチョ

④ Ana y María (vivir) juntas.　アナとマリアはいっしょに住んでいる。
　アナ　イ　マリーア　　　フンタス

⑤ Mi familia (cantar) muy bien.　私の家族は歌が上手だ。
　ミ　　ファミリア　　　　　ムイ　　ビエン

⑥ Antonio (leer) muchos libros.　アントニオはたくさん本を読む。
　アントニオ　　　　　ムーチョス　リブロス

Mini-diálogo

Juan : **¿Abro la ventana?**
アブロ　ラ　ベンタナ

Ana : **Sí. Un poco, por favor . ¡Qué calor!, ¿verdad?**
シィ　ウン　ポコ　ポル ファボール　ケ　カロール　ベルダッ

— 英語の *please* にあたります。

Juan : **Sí. ¿Tomamos cerveza?**
シィ　トマモス　セルベサ

Ana : **Gracias, pero no. Bebo poco.**
グラシアス　ペロ　ノ　ベボ　ポコ

Voy a tomar un poco de agua.
ボイ　ア　トマール　ウン　ポコ　デ　アグア

●日本語訳●

フアン：窓をあけようか？
アナ　：ええ、少しあけてよ。なんて暑いんでしょうね？
フアン：うん。ビールでも飲もうか？
アナ　：ありがとう、でもいいわ。アルコールはほとんど飲まないの。
　　　　水を少し飲もうかな。

ひとくちメモ

poco と un poco

poco は「ほとんど～ない」という否定的な意味に、un poco は「少し～だ」と肯
定的な意味になります。
ポコ　　　　　　　　　　　　　　　　　　　　　　　ウン　ポコ

● **Tengo poco tiempo.**　時間がほとんどない。
テンゴ　ポコ　ティエンポ

● **Tengo un poco de tiempo.**　少しなら時間があります。
テンゴ　ウン　ポコ　デ　ティエンポ

第10課の単語 （P48 ～ P51）

alemán ドイツ語
アレマン
comer 食べる
コメール
paella パエジャ
パエジャ
vivir 住む
ビビール
fumar タバコを吸う
フマール
aprender 学ぶ
アプレンデール

historia 歴史
イストリア
familia 家族
ファミリア
muy bien たいへん上手に
ムイ ビエン
libro 本
リブロ
ventana 窓
ベンタナ
por favor どうぞ
ポル ファボール

abro 私はあける（← abrir）
アブロ
tomamos 私たちは食べる、
トマモス　飲む（← tomar）

cerveza ビール
セルベサ
bebo 私は飲む（← beber）
ベボ
agua 水
アグア

51

所有語

所有語の種類

「私の～」「あなたの～」にあたる語を所有語といいます。所有語には次のような種類があります。

❶**所有形容詞** 短縮形……冠詞に近い性質で、名詞の前に置かれる
mi padre　私の父
ミ　　バドレ

完全形……形容詞の性質を保ち、名詞のあとに置かれる
padre mío　私の父
バドレ　ミオ

❷**所有代名詞** 所有形容詞の完全形に冠詞がついて名詞として独立したもの

短縮形の所有形容詞（名詞の前に置かれる）

	男性単数 (hermano)	女性単数 (hermana)	男性複数 (hermanos)	女性複数 (hermanas)
私の	mi ミ		mis ミス	
きみの	tu トゥ		tus トゥス	
彼の　彼女の　あなたの	su ス		sus スス	
私たちの	nuestro ヌエストロ	nuestra ヌエストラ	nuestros ヌエストロス	nuestras ヌエストラス
きみたちの	vuestro ブエストロ	vuestra ブエストラ	vuestros ブエストロス	vuestras ブエストラス
彼らの　彼女らの　あなた方の	su ス		sus スス	

所有される名詞の性と数によって、語尾変化します。

nuestra hermana　　nuestro hermano　　nuestros hermanos
ヌエストラ　　エルマーナ　　　ヌエストロ　　エルマーノ　　　ヌエストロス　　エルマーノス
私たちの姉　　　　　　　私たちの弟　　　　　　　私たちの姉弟

完全形の所有形容詞（名詞の後ろに置かれる）

	男性単数 (hermano)	女性単数 (hermana)	男性複数 (hermanos)	女性複数 (hermanas)
私の	**mío** ミオ	**mía** ミア	**míos** ミオス	**mías** ミアス
きみの	**tuyo** トゥジョ	**tuya** トゥジャ	**tuyos** トゥジョス	**tuyas** トゥジャス
彼の　彼女の　あなたの	**suyo** スジョ	**suya** スジャ	**suyos** スジョス	**suyas** スジャス
私たちの	**nuestro** ヌエストロ	**nuestra** ヌエストラ	**nuestros** ヌエストロス	**nuestras** ヌエストラス
きみたちの	**vuestro** ブエストロ	**vuestra** ブエストラ	**vuestros** ブエストロス	**vuestras** ブエストラス
彼らの 彼女らの あなた方の	**suyo** スジョ	**suya** スジャ	**suyos** スジョス	**suyas** スジャス

所有される名詞の性と数によって、語尾変化します。

¡Madre mía!　なんてこと！（驚きを表す慣用表現）
マドレ　ミア

madre に一致して女性形になっています。

No es culpa mía.　私の罪ではありません。
ノ　エス　クルパ　ミア

名詞と組まず、独立して使われることもあります。

Este libro es mío.　この本は私のです。
エステ　リブロ　エス　ミオ

主語の *este libro* に性と数が一致します。

所有代名詞

所有形容詞の完全形に定冠詞をつけて作ります。（例）**mío → el mío**
既出の名詞を、その性と数に合致した冠詞で受けます。

la tuya = tu madre です。

Mi madre es rubia. → La tuya es morena.
ミ　マドレ　エス　ルビア　ラ　トゥジャ　エス　モレーナ

私の母は金髪です。きみの（お母さん）は褐色だ。

los tuyos = tus padres

Mis padres son altos. → Los tuyos también son altos.
ミス　パドレス　ソン　アルトス　ロス　トゥジョス　タンビエン　ソン　アルトス

私の両親は背が高い。きみの（両親）も背が高い。

1 所有形容詞を短縮形と完全形にして、正しい形で書きましょう。

〈短縮形〉 〈完全形〉

① 私の家 ( ) casa casa ( )
カサ カサ

② きみの車 ( ) coche coche ( )
コチェ コチェ

③ きみたちの学校 ( ) escuela escuela ( )
エスクエラ エスクエラ

④ 彼女の娘たち ( ) hijas hijas ( )
イハス イハス

⑤ あなたのいとこたち ( ) primos primos ( )
プリモス プリモス

⑥ 私の姉妹たち ( ) hermanas hermanas ( )
エルマーナス エルマーナス

⑦ 私たちの両親 ( ) padres padres ( )
パドレス パドレス

⑧ 私の父 ( ) padre padre ( )
パドレ パドレ

⑨ 彼の祖母 ( ) abuela abuela ( )
アブエラ アブエラ

⑩ 彼らの祖母 ( ) abuela abuela ( )
アブエラ アブエラ

2 正しい定冠詞を入れて、所有代名詞を使った文にしましょう。

① Tu diccionario es pequeño. ( ) mío es gordo.
トゥ ディクシオナリオ エス ペケーニョ ミオ エス ゴルド
きみの辞書は小さい。ぼくのはぶあつい。

② Vuestra casa es grande. ( ) nuestra es pequeña.
ブエストラ カサ エス グランデ ヌエストラ エス ペケーニャ
きみたちの家は大きい。私たちのは小さい。

③ Sus hijos son inteligentes. ( ) nuestros también son inteligentes.
スス イホス ソン インテリヘンテス ヌエストロス タンビエン ソン インテリヘンテス
彼らの息子たちはインテリだ。私たちの息子たちもそうだ。

Mini-diálogo

Ana : **Nuestro profesor Javier es peruano, ¿verdad?**
ヌエストロ　プロフェソール　ハビエル　エス　ペルアーノ　　　ベルダッ

Juan : **Sí. Su familia vive en Perú.**
シィ　ス　ファミリア　ビベ　エン　ペルー

Ana : **¿Cuántos hijos tiene él?**
クアントス　イホス　ティエネ エル

Juan : **Quizás, cinco hijos.**
キサス　　シンコ　イホス

Ana : **¡Madre mía! ¡No puede ser!**
マドレ　ミア　ノ　プエデ　セール

「ありえない」という慣用表現。

Es muy joven.
エス　ムイ　ホベン

●日本語訳●

アナ　：私たちの先生ハビエルは、ペルー人よね？
フアン：そうだよ。彼の家族はペルーに住んでいるんだ。
アナ　：子どもは何人いるのかしら？
フアン：たぶん5人かな。
アナ　：なんてこと！　ありえないわ。すごく若いのよ！

ひとくちメモ

親族関係を表すスペイン語

● padre 父　madre 母（※両親は padres）
バドレ　　マドレ　　　　　　　　　　パドレス
● marido (esposo) 夫　mujer (esposa) 妻
マリード　エスポソ　　　　ムヘール　エスポサ
● hijo 息子　hija 娘
イホ　　　　イハ
● hermano 兄（弟）　hermana 姉（妹）
エルマーノ　　　　　　エルマーナ
● abuelo 祖父　abuela 祖母
アブエロ　　　　アブエラ
● tío おじ　tía おば　● primo いとこ（男）　prima いとこ（女）
ティオ　　ティア　　　　　　プリモ　　　　　　　プリマ

第11課の単語 （P53～P55）

culpa あやまち
クルパ
moreno 褐色の
モレーノ
diccionario 辞書
ディクシオナリオ
gordo ぶあつい
ゴルド

inteligente インテリの
インテリヘンテ
familia 家族
ファミリア
quizás たぶん
キサス
joven 若い
ホベン

指示語

指示語の種類

「この〜」や「あの〜」のような語を指示語といいます。話し手からの距離によって、次の種類を使い分けます。

❶指示形容詞　　　「この〜」「その〜」「あの〜」
❷指示代名詞　　　「これは」「それは」「あれは」
❸指示副詞　　　　「ここに」「そこに」「あちらに」

話し手の近く。

聞き手の近く、
または中くらいの距離。

話し手からも、
聞き手からも遠い。

指示形容詞

名詞の前に置かれ、名詞の性と数に応じて語尾変化します。

	性別	この	その	あの	後ろにくる名詞の例
単数	男性	**este** エステ	**ese** エセ	**aquel** アケル	**niño** ニーニョ
単数	女性	**esta** エスタ	**esa** エサ	**aquella** アケジャ	**niña** ニーニャ
複数	男性	**estos** エストス	**esos** エソス	**aquellos** アケジョス	**niños** ニーニョス
複数	女性	**estas** エスタス	**esas** エサス	**aquellas** アケジャス	**niñas** ニーニャス

Este niño es argentino.　この男の子はアルゼンチン人だ。
エステ　ニーニョ　エス　アルヘンティーノ

Aquella niña es mexicana.　あの女の子はメキシコ人だ。
アケジャ　　ニーニャ　エス　　メヒカーナ

指示代名詞

指示代名詞は指示形容詞と同じですが、名詞の代わりに「これは」「それは」のように使います。女性形と男性形のほかに、中性形があります。

	性別	これは	それは	あれは
単数	男性	este エステ	ese エセ	aquel アケル
	女性	esta エスタ	esa エサ	aquella アケジャ
	中性	esto エスト	eso エソ	aquello アケジョ
複数	男性	estos エストス	esos エソス	aquellos アケジョス
	女性	estas エスタス	esas エサス	aquellas アケジャス

指示形容詞。

Esta casa es mía y aquella es tuya.　この家は私ので、あれはきみのです。
エスタ　カサ　エス　ミア　イ　アケジャ　エス　トゥジャ

指示代名詞。

Estas son mis hermanas.　これらは私の姉妹です。
エスタス　ソン　ミス　エルマーナス

中性の指示代名詞は、未知のものについて質問したり、抽象的なことをさして表現する場合に使います。

¿Qué es esto?　これは何ですか？
ケ　エス　エスト

Eso es verdad.　それはほんとうだ。
エソ　エス　　ベルダッ

指示形容詞と指示代名詞の関係

este coche　→ este
エステ　コチェ　　　エステ

esta casa　→ esta
エスタ　カサ　　　エスタ

指示副詞

ここに	aquí アキ	そこに	ahí アイ	あそこに	allí アジ

Mi escuela está aquí.
ミ　エスクエラ　エスタ　アキ
私の学校はここにあります。

La estación está allí.
ラ　エスタシオン　エスタ　アジ
駅はあそこにあります。

1 日本語を参考に、（　　　）の中に正しい指示語を入れましょう。

① ¿Qué es (　　　　)?　これは何ですか？
　　　　　　　ケ　エス

② (　　　　) vino es muy bueno.　このワインはたいへん上等だ。
　　　　　　　　ビノ　エス　ムイ　　ブエノ

③ (　　　　) coches son italianos.　あれらの車はイタリアのです。
　　　　　　　　コチェス　ソン　イタリアーノス

④ ¿Quiénes son (　　　) chicas morenas?　それらの褐色の髪の女の子はだれ？
　　　キエネス　ソン　　　　　チカス　　モレーナス

⑤ ¿Quién es (　　　) chica rubia?　あっちの金髪の女の子はだれ？
　　　キエン　エス　　　　　チカ　　ルビア

2 日本語を参考に（　　）内に正しい指示代名詞を入れましょう。

① Esta manzana es amarilla y (　　) es roja.
　　エスタ　マンサーナ　エス　アマリージャ　イ（　　）エス　ロハ
　このリンゴは黄色で、それは赤い。

② Estos pescados son frescos pero (　　) no son frescos.
　　エストス　ペスカードス　ソン　フレスコス　ペロ（　　）ノ　ソン　フレスコス
　これらの魚は新鮮だが、あれらは新鮮ではない。

③ Aquellas naranjas son tuyas y (　　) son mías.
　　アケジャス　　ナランハス　ソン　トゥジャス　イ（　　）ソン　ミアス
　あれらのオレンジはあなたので、これらは私のです。

3 日本語を参考に、（　　）に正しい指示副詞を入れましょう。

① Estoy (　　　). 私はここにいます。
　　エストイ

② Mi hermano está (　　　). 私の兄はあっちにいます。
　　ミ　　エルマーノ　　エスタ

③ Mi casa está (　　　). 私の家はそこにあります。
　　ミ　カサ　エスタ

第12課の単語（P57 ～ P58）●●●●●●●●●●●●●●●●●●●●●●●●●●●

estación　駅	pescado　魚	fresco　新鮮な
エスタシオン	ペスカード	フレスコ
vino　ワイン	manzana　りんご	huevo　卵
ビノ	マンサーナ	ウエボ
bueno　質のよい	naranja　オレンジ	
ブエノ	ナランハ	

Mini-diálogo

Ana : ¡Vamos a ver estas fotos!
バモス ア ベール エスタス フォトス

Juan : A ver ... ¿Quién es este bebé?
ア ベール キエン エス エステ ベベ

「どれどれ」という慣用表現。

Ana : Es mi primo. Muy bonito, ¿verdad?
エス ミ プリモ ムイ ボニート ベルダッ

Juan : Sí. ¿Y esa mujer es su mamá?
シィ イ エサ ムヘール エス ス ママ

de + el → del

Ana : Sí, es mi tía. Y ese es su marido, el padre del bebé.
シィ エス ミ ティア イ エセ エス ス マリード エル パドレ デル ベベ

Juan : Estos señores ¿son tus abuelos?
エストス セニョーレス ソン トゥス アブエロス

Ana : Sí, viven cerca de aquí .
シィ ビベン セルカ デ アキ

「この近くに」という意味です。

●日本語訳●

アナ ：これらの写真を見ましょうよ。
フアン：どれどれ……。この赤ちゃんはだれ？
アナ ：いとこよ。とってもかわいいでしょ？
フアン：うん、で、この女の人がお母さん？
アナ ：そう、私のおばなの。で、これがその夫で
　　　赤ちゃんのお父さん。
フアン：この方々は、きみのおじいさんとおばあさ
　　　ん？
アナ ：そう、ここの近くに住んでいるのよ。

第12課の単語（P59）

foto 写真
フォト
bebé 赤ん坊
ベベ
mamá ママ、母親
ママ

marido 夫
マリード
señores 方々
セニョーレス
cerca 〜の近くに
セルカ

59

Lección **13**

(DL 13)

100万までの数字と序数、分数

名詞や形容詞として使われる数字

数字（基数詞という）は名詞としても、形容詞としても使われます。形容詞として使う場合には、名詞の前に置きます。

Somos diez.　私たちは10人です。（名詞）
ソモス　ディエス

Tengo cinco hermanos.　私には5人の兄弟がいます。（形容詞）
テンゴ　シンコ　エルマーノス

数字の書き方と読み方

❶ **uno** は後ろに続く名詞によって、形が変わります。
　男性形の場合 → **un chico**
　女性形の場合 → **una chica**

❷ 16〜99までの数字は、10の位と1の位を **y** でつなぎます。
　ただし、16〜29は1つの単語としてあつかいます。

❸ 100（**ciento**）は、名詞や **mil** が後ろにくるときは **cien** になります。

cien personas　100人の人々
シエン　ペルソーナス

cien mil　10万
シエン　ミル

100×1000という意味です。100.000と書くとわかりやすいですね。

❹ 200〜900は **dos + cientos → doscientos** のように1語になります。

❺ 200〜999は、後ろに続く名詞の性に応じて語尾が変化します。

trescientas rosas　300本のバラ
トレスシエンタス　ロサス
rosas に性と数が一致します。

❻ **mil** には複数形はありません。　2.000 = **dos mil**

❼ **millón** はほかの数字と違って、形容詞としては使われません。そのため、**de** を置いて名詞につなげます。

形容詞なので、直接名詞にかかります。

dos millones de habitantes
ドス　ミジョネス　デ　アビタンテス
200万人（名詞）　の　住民

doscientos habitantes
ドスシエントス　アビタンテス
200人の（形容詞）住民

60

● 0 ～ 100 までの数字

diez y seis がつながった形。

0	**cero** セロ	16	**dieciséis** ディエシィセイス	31	**treinta y uno** トレインタ イ ウノ
1	**uno** ウノ	17	**diecisiete** ディエシィシエテ		
2	**dos** ドス	18	**dieciocho** ディエシィオチョ	32	**treinta y dos** トレインタ イ ドス
3	**tres** トレス	19	**diecinueve** ディエシィヌエベ		
4	**cuatro** クアトロ	20	**veinte** ベインテ	40	**cuarenta** クアレンタ
5	**cinco** シンコ	21	**veintiuno** ベインティウノ	50	**cincuenta** シンクエンタ
6	**seis** セイス	22	**veintidós** ベインティドス	60	**sesenta** セセンタ
7	**siete** シエテ	23	**veintitrés** ベインティトレス	70	**setenta** セテンタ
8	**ocho** オチョ	24	**veinticuatro** ベインティクアトロ	80	**ochenta** オチェンタ
9	**nueve** ヌエベ	25	**veinticinco** ベインティシンコ	88	**ochenta y ocho** オチェンタ イ オチョ
10	**diez** ディエス	26	**veintiséis** ベインティセイス		
11	**once** オンセ	27	**veintisiete** ベインティシエテ	90	**noventa** ノベンタ
12	**doce** ドセ	28	**veintiocho** ベインティオチョ	99	**noventa y nueve** ノベンタ イ ヌエベ
13	**trece** トレセ	29	**veintinueve** ベインティヌエベ		
14	**catorce** カトルセ	30	**treinta** トレインタ	100	**cien** シエン または **ciento** シエント
15	**quince** キンセ				

veinte y nueve がつながった形。

● 100 よりも大きな数字

単独ではcien、ほかの数字と組み合わせる場合はcientoになります。

101	**ciento uno** シエント ウノ	957	**novecientos cincuenta y siete** ノベシエントス シンクエンタ イ シエテ
111	**ciento once** シエント オンセ		
120	**ciento veinte** シエント ベインテ	1.000	**mil** ミル
150	**ciento cincuenta** シエント シンクエンタ	1.001	**mil uno** ミル ウノ
		1.200	**mil doscientos** ミル ドスシエントス
200	**doscientos** ドスシエントス	2.000	**dos mil** ドス ミル
300	**trescientos** トレスシエントス	10.000	**diez mil** ディエス ミル
400	**cuatrocientos** クアトロシエントス	100.000	**cien mil** シエン ミル
500	**quinientos** キニエントス	500.000	**quinientos mil** キニエントス ミル
900	**novecientos** ノベシエントス	1.000.000	**un millón** ウン ミジョン
911	**novecientos once** ノベシエントス オンセ	2.000.000	**dos millones** ドス ミジョネス

＊日本語では 1000 の位、100 万の位にコンマを打ちますが、スペイン語ではピリオドです。
また、小数点は日本語ではピリオドですが、スペイン語ではコンマです。
つまり、ピリオドとコンマの使い方は日本語と逆になるので、注意しましょう。
ただし、米国の影響の強いメキシコや中米では、日本と同じ使い方をする場合が多いようです。

序　数

序数は「第 1 番目の」「第 2 番目の」のように順序を表す形容詞です。

名詞の前に置かれ、その名詞の性と数に応じて語尾変化します。ふつうは定冠詞をつけて使います。

| 第 1 の | **primero** プリメーロ | | **tercio** テルシオ |

primero と tercero は、後ろに男性名詞単数がくると -o が脱落します。女性名詞の場合は語尾が変化します。

- el primer tomo　　　第 1 巻
  エル　プリメール　トモ
- la primera página　第 1 ページ
  ラ　プリメーラ　パヒナ

- el tercer hijo　　　三男
  エル テルセール イホ
- la tercera hija　　三女
  ラ　テルセーラ　イハ

第 1 の　**primero** プリメーロ
第 2 の　**segundo** セグンド
第 3 の　**tercero** テルセーロ　**tercio** テルシオ
第 4 の　**cuarto** クアルト
第 5 の　**quinto** キント
第 6 の　**sexto** セクスト
第 7 の　**séptimo** セプティモ
第 8 の　**octavo** オクターボ
第 9 の　**noveno** ノベーノ
第 10 の　**décimo** デシモ
第 11 の　**undécimo** ウンデシモ
第 12 の　**duodécimo** ドゥオデシモ
第 13 の　**decimotercero** デシモテルセーロ
第 14 の　**decimocuarto** デシモクアルト

第 10 くらいまでは序数を、それ以降はふつうの数字を使うことが多いです。

la lección décima　第 10 課
ラ　レクシオン　デシマ
la lección veinte　第 20 課
ラ　レクシオン　ベインテ

分　数

分母には序数を、分子には基数を使います。ただし、「2 分の 1」は例外で **medio** を使います。分子が 2 以上のときは、分母は複数になります。

$\frac{1}{2}$ un medio (= la mitad)
　　ウン　メディオ　　　ラ　ミタッド

$\frac{1}{3}$ un tercio
　　ウン　テルシオ

$\frac{1}{4}$ un cuarto
　　ウン　クアルト

$\frac{1}{5}$ un quinto
　　ウン　キント

$\frac{1}{6}$ un sexto
　　ウン　セクスト

$\frac{1}{7}$ un séptimo
　　ウン　セプティモ

$\frac{2}{8}$ dos octavos
　　ドス　オクターボス

$\frac{3}{9}$ tres novenos
　　トレス　ノベーノス

$\frac{1}{10}$ un décimo
　　ウン　デシモ

●解答は P234

練習問題

1 アルファベットで数字を書きましょう。

＊通貨単位に女性形の
ものがあるので注意！

① 100 円 （yenes）

② 1,200 ポンド （libras）

③ 2,500 ユーロ （euros）

④ 1 万ドル （dólares）

⑤ 25,400 メキシコ・ペソ （pesos mexicanos）

⑥ $\frac{1}{3}$

⑦ $\frac{2}{3}$

2 アルファベットで数字を書きましょう。

① 303 人の学生 （   ） estudiantes
エストゥディアンテス

② 5,200 世帯 （   ） familias
ファミリアス

③ 人口 100 万 （   ） de habitantes
デ　　　アビ**タ**ンテス

④ 1 等賞 （el   ） premio
プレミオ

⑤ 三女 （la   ） hija
イハ

第13課の単語 （P60 〜 P63） •

habitante　人口、住民
アビ**タ**ンテ
página　ページ
パヒナ
tomo　巻
トモ
yen　円
ジェン
libra　ポンド
リブラ

euro　ユーロ
エウロ
dólar　ドル
ドラル
peso mexicano　メキシコ・ペソ
ペソ　　メヒカーノ
premio　賞
プレミオ

63

「～できる」を表す PODER

PODER とその活用

poder は英語の **can** にあたる語で助動詞的に用いられ、〈**poder** + 不定詞〉で「～できる」という意味になります。

不規則活用で、下の表のように語根部分が **o → ue** に変化します。

> これを「語根母音変化の動詞」といいます。第 18 課で詳しく説明します。

	単数	複数
1 人称	puedo プエド	podemos ポデモス
2 人称	puedes プエデス	podéis ポデイス
3 人称	puede プエデ	pueden プエデン

> 1 人称と 2 人称の複数は、*poder* の場合、-*er* 動詞の規則変化動詞と同じ形です。

Hoy no puedo nadar.　今日は泳げない。
オイ　ノ　プエド　ナダール

Desde aquí podemos ver el Monte Fuji.　ここから富士山が見える。
デスデ　アキ　ポデモス　ベール エル　モンテ　フジ

¿Puede Ud. venir?　いらっしゃれますか？
プエデ　ウステッ　ベニール

¿Pueden Uds. trabajar aquí?　あなた方、ここで働けますか？
プエデン　ウステデス　トラバハール　アキ

許可を表す PODER

Puedes ver la tele.　テレビを見てもいいよ。
プエデス　ベール ラ　テレ

Puede Ud. pasar. お入りください。(入っていいです)
ブエデ　ウステッ　パサール

Pueden Uds. estar aquí. あなた方、ここにいてけっこうですよ。
ブエデン　　ウステデス エスタール　　アキ

主語を **yo** にして疑問文にすると、「〜してもいいですか？」と許可を求める文になります。

¿Puedo ver la tele? テレビを見てもいい？
ブエド　　ベール ラ テレ

¿Puedo pasar? 入っていいですか？
ブエド　　　パサール

¿Puedo estar aquí? ここにいてもいいですか？
ブエド　　エスタール　　アキ

依頼を表す PODER

２人称や３人称に対する疑問文にすると、「〜してもらえますか？」と相手に依頼する表現になります。

> このことばを加えると、「どうぞお願いします」というていねいなニュアンスが加わります。

¿Puedes abrir la ventana, por favor ? 窓をあけてもらえる？
ブエデス　　アブリール ラ　　ベンターナ　　ポル　ファボール

¿Puede Ud. leer esta parte, por favor ? この部分を読んでいただけますか？
ブエデ ウステッレエール エスタ　　パルテ　　ポル　ファボール

¿Pueden Uds. estar aquí? ここにいていただけますか？
ブエデン　　ウステデス エスタール　　アキ

Check　依頼を表す文には、次のような同意の表現で答えます。

¡Vale! 「オーケー」親しい間柄で使う
バレ

De acuerdo. Vale よりもあらたまったニュアンスの「わかりました」
デ　アクエルド

¡Claro que sí! または **¡Cómo no!** 「もちろん」
クラーロ ケ シィ　　　　　　　コモ

Con mucho gusto. 「喜んで」という意味
コン　ムーチョ　グスト

1 例にならって許可を求める表現にしましょう。

（例）¿(yo, poder ir) a la playa? → ¿Puedo ir a la playa?
　　　　　　　　　ア　ラ　　プラジャ　　　　　　ブエド　イール　ア　ラ　　プラジャ

　　浜辺へ行ってもいい？

① ¿(yo, poder ir) a la fiesta mañana?　明日パーティーに行ってもいい？
　　　　　　　　　ア　ラ　フィエスタ　　　マニャーナ

② ¿(nosotros, poder estar) aquí?　ここにいてもいいですか？
　　　　　　　　　　　　　　　アキ

③ ¿(nosotros, poder ver) el vídeo?　ビデオを見てもいいですか？
　　　　　　　　　　　　　　エル　ビデオ

2 poder と下にあげた動詞を使って、人に依頼する表現にしましょう。

abrir　あける	cerrar　閉める
アブリール	セラール

① ¿(　　　　　) (　　　　　) la ventana?　きみ、窓を閉めてもらえる？
　　　　　　　　　　　　　　　　　　ラ　　　ベンターナ

② ¿(　　　　　) Uds. (　　　　　) la puerta?　ドアをあけてくれますか？
　　　　　　　　ウステデス　　　　　　　ラ　　　プエルタ

第14課の単語 (P64 ～ P66) ●●●●●●●●●●●●●●●●●●●●●●●●●●

nadar　泳ぐ
ナダール
hoy　今日
オイ
ver　見る
ベール
venir　来る
ベニール
pasar　通る、入る
パサール
estar　～にいる
エスタール
abrir　あける
アブリール

leer　読む
レエール
parte　部分
パルテ
fiesta　パーティー
フィエスタ
vídeo　ビデオ
ビデオ
cerrar　閉める
セラール
puerta　ドア
プエルタ

66

Mini-diálogo

Juan : **Oye, ¿puedo escuchar música?**
オジェ　プエド　エスクチャール　ムシカ

Ana : **Claro que sí.** ← 「もちろん」という慣用表現です。
クラーロ　ケ　スィ

Juan : **Entonces, voy a poner música.**
エントンセス　ボイ　ア　ポネール　ムシカ

[MÚSICA]

Ana : **¡Oye, por favor! ¿Puedes bajar un poco el volumen?**
オジェ　ボル　ファボール　プエデス　バハール　ウン　ポコ　エル　ボルーメン
No puedo leer el libro.
ノ　プエド　レエール　エル　リブロ

Juan : **Vale... ¿Está bien?**
バレ　エスタ　ビエン

Ana : **Bien, gracias.**
ビエン　グラシアス

●日本語訳●

> フアン ：ねえ、音楽を聞いてもいいかな？
> アナ　 ：もちろんよ。
> フアン ：じゃあ、音楽をかけよう。
> [音楽]
> アナ　 ：ねえ、ちょっと！　お願いだからもう少し音を小さ
> 　　　　くしてくれない？　本が読めないわ。
> フアン ：いいよ。……これでいい？
> アナ　 ：いいわ。ありがとう。

ひとくちメモ

語調で変わる por favor の意味

　por favor は本来、「どうぞお願いします」というていねいな表現ですが、きびしい
調子で言うと、「（お願いだから）やめてください！」という拒否の表現になります。
ボル　ファボール

第14課の単語 （P67） ●

escuchar　聞く エスクチャール	poner　（音楽を）かける ポネール	volumen　ボリューム ボルーメン
música　音楽 ムシカ	bajar　（音を）下げる バハール	

さまざまな前置詞

場所・方向・時間・様態などを表す前置詞

a ア	●〜へ（方向）	— a + el → al Voy al médico. 　私は医者へ行きます。 ボイ　アル　メディコ
	●〜時に（時間）	Llegamos a las doce. 　私達は12時に到着 ジェガモス　ア　ラス　ドセ　　します。
ante アンテ	●〜の前に	ante mis ojos 　私の目の前に アンテ　ミス　オホス
bajo バホ	●〜の下に	bajo un cielo azul 　青い空の下で バホ　ウン　シエロ　アスール
con コン	●〜といっしょに	Voy con ella. 　私は彼女といっしょに行きます。 ボイ　コン　エジャ
	●〜で（手段）	abrir con llave 　かぎであける アブリール　コン　ジャベ
contra コントラ	●〜に対して	acción contra la droga 　対麻薬の行動 アクシオン　コントラ　ラ　ドローガ
de テ	●〜の（所属）	la casa de mi abuela 　祖母の家 ラ　カサ　デ　ミ　アブエラ
	●〜から（場所）	de + el → del del aeropuerto 　空港から デル　アエロプエルト
	●〜から（時間）	de las diez 　10時から　　時間については第 デ　ラス　ディエス　　　　17課で学びます。
	●〜でできた（材料）	tarta de manzana 　りんごのタルト タルタ　デ　マンサーナ
desde デスデ	●〜から（場所）	desde la estación 　駅から デスデ　ラ　エスタシオン
	●〜から（時間）	desde las dos 　2時から デスデ　ラス　ドス

en エン	●〜の中に	Está en casa. 彼は家にいます。 エスタ エン カサ
	●〜で(移動手段)	Voy en metro. 私は地下鉄で行きます。 ボイ エン メトロ
entre エントレ	●〜の間に	entre China y Japón 中国と日本の間に エントレ チナ イ ハポン
hacia アシア	●〜に向かって	hacia el futuro 未来に向かって アシア エル フトゥーロ
hasta アスタ	●〜まで(到達点)	Vamos hasta el parque. 私達は公園まで バモス アスタ エル パルケ 行きます。
	●〜まで(時間)	Hasta mañana. また明日(明日まで)。 アスタ マニャーナ
para パラ	●〜のために(目的)	para mi familia 家族のために パラ ミ ファミリア
por ポル	●〜によって(手段)	por teléfono 電話で ポル テレフォノ
	●〜によって(動機)	por la paz 平和のために ポル ラ パス
	●〜のあたりに	viajar por Corea 韓国を旅行する ビアハール ポル コレア
según セグン	●〜によると	según el periódico 新聞によると セグン エル ペリオディコ
sin シン	●〜なしに	sin dormir 眠らずに シン ドルミール
sobre ソブレ	●〜の上に	sobre la mesa テーブルの上に ソブレ ラ メサ
	●〜について	leer sobre la guerra 戦争について読む レエール ソブレ ラ ゲラ
tras トラス	●〜の後ろに	Está tras la escalera. 彼は階段の後ろに エスタ トラス ラ エスカレーラ いる。

前置詞といっしょに使う人称代名詞

para（～のために）という前置詞を例に考えてみましょう。「私のために」は **para mí**、「きみのために」は **para ti** といいます。このように前置詞の後ろに置かれる人称代名詞を、**前置詞格の人称代名詞**といいます。

	単数	複数
1人称	para mí パラ ミ (conmigo) コンミーゴ	para nosotros パラ ノソトロス para nosotras パラ ノソトラス
2人称	para ti パラ ティ (contigo) コンティーゴ	para vosotros パラ ボソトロス para vosotras パラ ボソトラス
3人称	para él パラ エル para ella パラ エジャ para Ud. パラ ウステッ	para ellos パラ エジョス para ellas パラ エジャス para Uds. パラ ウステデス

> この2つだけが特別な形です。ほかは主語になる人称代名詞（主格人称代名詞）と同じ形です。

* **mí** と **ti** が **con** と組む場合には、**conmigo／contigo** と形が変わります。

¿Vienes a comer conmigo?　ぼくといっしょに食事するかい？
ビエネス ア コメール コンミーゴ

Sí, voy contigo.　ええ、あなたといっしょに行くわ。
シィ ボイ コンティーゴ

* **mí** と **ti** は **entre** の後ろでは、主格人称代名詞になります。

entre tú y yo　きみと私の間に
エントレ トゥ イ ジョ

第15課の単語 (P68) ●●●●●●●●●●●●●●●●●●●●●●●●●●●●●●●

llegar　到着する
ジェガール
ojo　目
オホ
cielo　空
シエロ

llave　鍵
ジャベ
droga　麻薬
ドローガ
aeropuerto　空港
アエロプエルト

tarta　タルト
タルタ
estación　駅
エスタシオン

70

練習問題 　●解答は P234

1　（　　）に前置詞を入れましょう。

① Vamos （　　　） Japón.　私たちは日本へ行きます。
　　バモス　　　　　　　ハポン

② Juan está （　　） el aeropuerto.　フアンは空港にいる。
　　フアン　エスタ　　　　エル　　アエロプエルト

③ Vamos （　） la escuela （　　　） autobús.　私たちはバスで学校へ行く。
　　バモス　　　　ラ　エスクエラ　　　　　　アウトブス

④ La casa （　　） mi abuelo es muy bonita.　祖父の家はとてもすてきです。
　　ラ　カサ　　　　ミ　アブエロ　エス　ムイ　ボニータ

⑤ Voy a comprar una tarta （　　） manzana.　りんごのタルトを買おう。
　　ボイ　ア　コンプラール　ウナ　タルタ　　　　　マンサーナ

⑥ Juan viaja （　） Argentina （　） México.
　　フアン　ビアハ　　　アルヘンティーナ　　　メヒコ
　　フアンはアルゼンチンからメキシコへ旅行する。

⑦ No podemos vivir （　　） ti.　きみなしでは生きられません。
　　ノ　ポデモス　ビビール　　　ティ

⑧ Juan va a vivir （　　） ella.　フアンは彼女といっしょに生活する。
　　フアン　バ　ア　ビビール　　　エジャ

2　スペイン語で答えましょう。

① ¿Con quién va a viajar Ana?　アナはだれといっしょに旅行するんですか？
　　コン　キエン　バ　ア　ビアハール　アナ

　_____ アナは私といっしょに旅行するつもりです。

② ¿Para quién vas a comprar ese libro?　だれのためにその本を買うの？
　　パラ　キエン　バス　ア　コンプラール　エセ　リブロ

　_____ 私はきみのためにその本を買うんです。

第15課の単語 （P69〜P71）●●●●●●●●●●●●●●●●●●●●●●●●●●●●

metro　メトロ
メトロ
futuro　未来
フトゥーロ
parque　公園
パルケ
teléfono　電話
テレフォノ

paz　平和
パス
periódico　新聞
ペリオディコ
dormir　眠る
ドルミール
guerra　戦争
ゲラ

escalera　階段
エスカレーラ
comer　食事する
コメール
autobús　バス
アウトブス
comprar　買う
コンプラール

DL
16

HAYと場所を表す前置詞句

HAY の用法

「〜がある」という表現は、**hay** を使います。**hay** は動詞 **haber** の３人称単数形です。動詞 **haber** にはいろいろな用法がありますが、ここでは「〜がある」という表現にしぼって説明します。

hay は、人や物、抽象的なことにも使えます。後ろにくる名詞が単数でも複数でも、**hay** の形は変化しません。

Hay un hotel muy barato.　とても安いホテルがあります。
アイ　ウン　オテル　ムイ　バラート

Hay veinte alumnos en la clase.　クラスには生徒が 20 人います。
アイ　ベインテ　アルムノス　エン　ラ　クラセ
――――――――――― hay の形は変わりません。

Hay 50 kilómetros entre Tokio y Chiba.
アイ　シンクエンタ　キロメトロス　エントレ　トキオ　イ　チバ
東京と千葉の間(の距離)は 50 キロあります。

Check ▶ **hay** と **estar** の違いについて説明しましょう。
estar も、「〜がある」というときに使います。しかし、**estar** を使うのは「存在することがわかっていて、それがどこにあるか」を表す場合です。それに対して、**hay** のほうは「その存在自体を問題にするとき」に使います。
Hay un gato debajo de la mesa.
アイ　ウン　ガト　デバホ　デ　ラ　メサ
ネコがテーブルの下にいます。(ネコがいるのかどうかを述べる)
El gato está debajo de la mesa.
エル　ガト　エスタ　デバホ　デ　ラ　メサ
そのネコはテーブルの下にいます。
(ネコがいるのはわかっていて、その所在を述べる)
hay は不定冠詞・数詞・不定語と、**estar** は定冠詞・限定形容詞と組むことが多い、と覚えておきましょう。

場所を表す前置詞句

前置詞が副詞や名詞と組み合わさったものを、前置詞句といいます。**en**／
a／**por** など、前の課で学んだ単独の「場所を表す前置詞」だけではなく、次
のような前置詞句も覚えておきましょう。

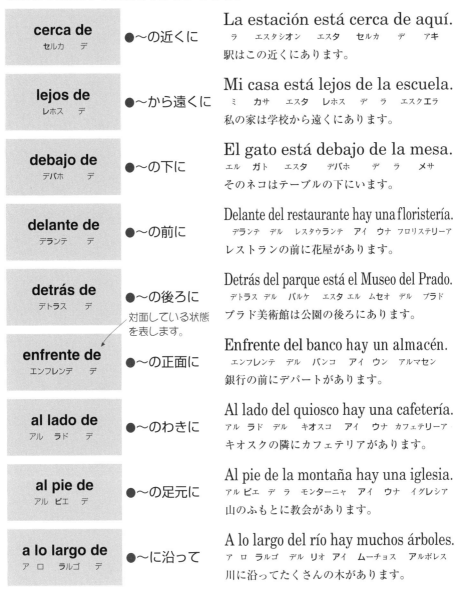

cerca de
セルカ　デ
●～の近くに

La estación está cerca de aquí.
ラ　エスタシオン　エスタ　セルカ　デ　アキ
駅はこの近くにあります。

lejos de
レホス　デ
●～から遠くに

Mi casa está lejos de la escuela.
ミ　カサ　エスタ　レホス　デ　ラ　エスクエラ
私の家は学校から遠くにあります。

debajo de
デバホ　デ
●～の下に

El gato está debajo de la mesa.
エル　ガト　エスタ　デバホ　デ　ラ　メサ
そのネコはテーブルの下にいます。

delante de
デランテ　デ
●～の前に

Delante del restaurante hay una floristería.
デランテ　デル　レスタウランテ　アイ　ウナ　フロリステリーア
レストランの前に花屋があります。

detrás de
デトラス　デ
●～の後ろに

対面している状態
を表します。

Detrás del parque está el Museo del Prado.
デトラス　デル　パルケ　エスタ　エル　ムセオ　デル　プラド
プラド美術館は公園の後ろにあります。

enfrente de
エンフレンデ　デ
●～の正面に

Enfrente del banco hay un almacén.
エンフレンテ　デル　バンコ　アイ　ウン　アルマセン
銀行の前にデパートがあります。

al lado de
アル　ラド　デ
●～のわきに

Al lado del quiosco hay una cafetería.
アル　ラド　デル　キオスコ　アイ　ウナ　カフェテリーア
キオスクの隣にカフェテリアがあります。

al pie de
アル　ピエ　デ
●～の足元に

Al pie de la montaña hay una iglesia.
アル　ピエ　デ　ラ　モンターニャ　アイ　ウナ　イグレシア
山のふもとに教会があります。

a lo largo de
ア　ロ　ラルゴ　デ
●～に沿って

A lo largo del río hay muchos árboles.
ア　ロ　ラルゴ　デル　リオ　アイ　ムーチョス　アルボレス
川に沿ってたくさんの木があります。

1 （　　　）の中に hay か estar を入れて正しい文にしましょう。

① （　　　　）unos hoteles baratos cerca de aquí.
　　　　　　ウノス　　　オテレス　　バラートス　　セルカ　　デ　　アキ
　　この近くに安いホテルが何軒かあります。

② ¿Dónde （　　　　）la estación de Sol?　ソル駅はどこにありますか？
　　ドンデ　　　　　　　　　　ラ　エスタシオン　　デ　ソル

③ La escuela （　　　）lejos de aquí.　学校はここから遠くにあります。
　ラ　　エスクエラ　　　　　　レホス　デ　アキ

④ （　　　）tres árboles en el parque.　公園には木が3本あります。
　　　　　　トレス　　アルボレス　エン　エル　　バルケ

⑤ Los tres árboles （　　　）en el centro del parque.
　ロス　トレス　アルボレス　　　　　エン　エル　セントロ　デル　バルケ
　　その3本の木は公園の中央にあります。

2 （　　　）に正しい語を入れて文を完成させましょう。

① Hay muchos niños （　　　　）el parque.　公園には大勢の子どもがいます。
　アイ　　ムーチョス　ニーニョス　　　　　エル　バルケ

② El parque está cerca （　　　　）la escuela.
　エル　バルケ　エスタ　セルカ　　　　　　ラ　エスクエラ
　　その公園は学校の近くにあります。

③ Al （　　　）（　　　）la escuela hay una oficina de correos.
　アル　　　　　　　　　　ラ　エスクエラ　アイ　ウナ　オフィシーナ　デ　　コレオス
　　学校のわきに郵便局があります。

④ Mi casa está detrás （　　　）la escuela.　私の家は学校の裏にあります。
　ミ　カサ　エスタ　デトラス　　　　　ラ　エスクエラ

⑤ La escuela está un poco （　　　）de la estación.
　ラ　エスクエラ　エスタ　ウン　ポコ　　　　　デ　ラ　エスタシオン
　　学校は駅から少し遠くにあります。

第16課の単語（P72）●●●●●●●●●●●●●●●●●●●●●●●●●●●●●●●●●

hotel　ホテル
　オテル
barato　安い
　バラート

alumno　生徒
　アルムノ
kilómetro　キロメートル
　キロメトロ

Mini-diálogo

[Viendo un plano...]

Juan : **Oye, ¿dónde está la librería Verde?**
オジェ ドンデ エスタ ラ リブレリーア ベルデ

Ana : **Está en frente de la oficina de correos.**
エスタ エン フレンテ デ ラ オフィシーナ デ コレオス

Juan : **Es que no veo la oficina de correos.**
エス ケ ノ ベオ ラ オフィシーナ デ コレオス

「でも」というニュアンスで、会話でよく使われます。

Sí, aquí hay una oficina de Telefónica, pero...
シィ アキ アイ ウナ オフィシーナ デ テレフォニカ ペロ

Ana : **La oficina de correos está detrás de la iglesia.**
ラ オフィシーナ デ コレオス エスタ デトラス デ ラ イグレシア

Juan : **A ver, la iglesia... Ah, sí, aquí está.**
ア ベール ラ イグレシア アァ シィ アキ エスタ

Gracias.
グラシアス

「どれどれ」という慣用表現です。

●日本語訳●

[地図を見ながら]
フアン ： ねえ、ベルデ書店はどこにあるんだい？
アナ ： 郵便局の正面にあるわ。
フアン ： でも、郵便局が見つからないんだよ。テレフォニカ社の事務所はここにあるんだけど。
アナ ： 郵便局は教会の裏よ。
フアン ： どれどれ、教会ね……。あ、あった、ここだ。ありがとう。

第16課の単語 （P73～P75）

gato ネコ
restaurante レストラン
floristería 花屋
museo 美術館
banco 銀行
almacén デパート

quiosco キオスク
cafetería カフェテリア
montaña 山
río 川
árbol 木
centro 中央

oficina de correos 郵便局
plano 市街地図
librería 本屋
veo （私は）見る（← ver）
oficina de Telefónica テレフォニカ社の事務所

時間の表し方

時間の表し方の基本

　時間は〈**ser** ＋定冠詞＋数字〉で表します。スペイン語で「〜時、〜時間」にあたる語は **hora** です。女性形なので、定冠詞は必ず女性形を使います。1 時は単数ですが、2 時以降は複数あつかいです。

Es la una.　1時です。
エス　ラ　ウナ

Son las dos.　2時です。
ソン　ラス　ドス

Son las ocho de la mañana.　朝の8時です。
ソン　ラス　オチョ　デ　ラ　マニャーナ

Son las cuatro de la tarde.　夕方の4時です。
ソン　ラス　クアトロ　デ　ラ　タルデ

> 昼食時間の午後 2 時から暗くなるまでが *tarde* です。

Son las diez de la noche.　夜の10時です。
ソン　ラス　ディエス　デ　ラ　ノチェ

＊「何時ですか？」という疑問文は、いつも単数形です。

¿Qué hora es?　何時ですか？
ケ　オラ　エス

Son las tres.　3時です。
ソン　ラス　トレス

＊ **tener** を使って聞くこともあります。**tú** に対してなら、次のようになります。

¿Tienes hora?　何時か、わかる？
ティエネス　オラ

Sí, son las cuatro.　はい、4時です。
シィ　ソン　ラス　クアトロ

> 直訳すると、「時間を持っていますか？」「何時を持っていますか？」です。

¿Qué hora tienes?　何時ですか？
ケ　オラ　ティエネス

Son las cinco.　5時です。
ソン　ラス　シンコ

「～分過ぎ」と「～分前」

❶「～分過ぎ」→ 時刻 + **y** + ～分
❷「～分前」　→ 時刻 + **menos** + ～分

> 「分」にあたるスペイン語は *minuto (s)* ですが、時間をいうときには省略されます。

Es la una y cinco.
エス ラ ウナ イ シンコ
1時5分です。

Es la una menos cinco.
エス ラ ウナ メノス シンコ
1時5分前です。

Son las dos y diez.
ソン ラス ドス イ ディエス
2時10分です。

Son las dos menos diez.
ソン ラス ドス メノス ディエス
2時10分前です。

＊ 15分は **cuarto**、30分は **media** と特別な言い方があります。

Son las cinco y cuarto. 5時15分です。
ソン ラス シンコ イ クアルト

Son las cinco y media. 5時半です。
ソン ラス シンコ イ メディア

Son las seis menos cuarto. 6時15分前です。
ソン ラス セイス メノス クアルト

「～時に」を表す前置詞 A

「～時に」の「に」にあたる部分には、前置詞 **a** を使います。

Voy a la escuela <u>a</u> las nueve. 私は9時に学校に行きます。
ボイ ア ラ エスクエラ ア ラス ヌエベ
└ 場所を示す *a*

Ana y yo vamos al cine <u>a</u> las siete. アナと私は7時に映画館に行きます。
アナ イ ジョ バモス アル シネ ア ラス シエテ

Nosotros los españoles comemos a las dos.
ノソトロス ロス エスパニョーレス コメモス ア ラス ドス
私たちスペイン人は2時に食事をします。

> *comer* だけで「昼食をとる」という意味です。朝食は *desayunar*、夕食は *cenar* と、それぞれ別の動詞を使います。

Desayunamos a las siete y media. 7時半に朝食をとります。
デサジュナモス ア ラス シエテ イ メディア

Cenamos a las diez de la noche. 夜の10時に夕食をとります。
セナモス ア ラス ディエス デ ラ ノチェ

練習問題

1 （　　　）に正しい語を入れましょう。

① Es (　　　　) una.　1時です。
エス　　　　　　ウナ

② (　　　　) la una y (　　　　).　1時15分です。
　　　　　　ラ　ウナ　イ

③ Es (　　　　) una (　　　　) cuarto.　1時15分前です。
エス　　　　　　ウナ　　　　　　クアルト

④ Son (　　　　) diez (　　　　) media.　10時半です。
ソン　　　　　　ディエス　　　　　メディア

⑤ (　　　　) las (　　　　) y (　　　　).　11時10分です。
　　　　　　ラス　　　　　イ

2 正しく書いてみましょう。

① 1時半です。

② 9時15分です。

③ 12時20分です。

④ 6時15分前です。

3 （　　　）の動詞を正しく活用させ、日本語に訳してみましょう。

① Ana y Juan (desayunar) a las seis y media.
アナ　イ　フアン　　　　　　　　　ア　ラス　セイス　イ　メディア

_____

② Mis padres y yo (cenar) a las nueve.
ミス　パドレス　イ　ジョ　　　　　ア　ラス　　ヌエベ

_____

③ Tú y Antonio (comer) a las dos y media.
トゥ　イ　アントニオ　　　　　　ア　ラス　ドス　イ　メディア

_____

第17課の単語 (P76 〜 P78) ●

hora　時、時間
オラ
tarde　午後、夕方
タルデ
noche　夜
ノチェ
minuto　分
ミヌート

comer　昼食をとる
コメール
desayunar　朝食をとる
デサジュナール
cenar　夕食をとる
セナール

┤ Mini-diálogo ├

Ana : **Juan, ¿qué hora es?**
フアン　ケ　オラ　エス

Juan : **Es la una y media.**
エス ラ　ウナ イ　メディア

Oye, ¿por qué no vamos a la piscina?
オジェ　ポル　ケ ノ　バモス ア ラ　ピスシーナ

「もしよかったら」という表現。
ud. に対してなら、*si le va bien*
となります。

Ana : **No puedo. A las dos voy a casa de mis abuelos.**
ノー　プエド　ア ラス ドス ボイ ア　カサ　デ ミス　アブエロス

Si te va bien , ¿por qué no vienes conmigo?
シ テ バ ビエン　ポル　ケ ノ　ビエネス　コンミーゴ

Vamos a comer paella y luego podemos
バモス ア コメール　パエジャ イ ルエゴ　ポデモス

ir a la piscina a las cinco.
イール ア ラ　ピスシーナ ア ラス　シンコ

Juan : **Buena idea. Tengo mucha hambre. ¡Vamos!**
ブエナ　イデア　テンゴ　ムーチャ　アンブレ　バモス

●日本語訳●

アナ　：フアン、いま何時かしら？
フアン：１時半だよ。
　　　　ねえ、プールに行かないかい？
アナ　：だめなの。２時に祖父母の家に行くことになってるの。
　　　　もしよかったら、いっしょに行きましょうよ。
　　　　パエジャを食べて、そのあと５時にプールへ行けるわ。
フアン：いい考えだね。おなかがぺこぺこだよ。行こう！

第17課の単語（P79） ●●●●●●●●●●●●●●●●●●●●●●●●●●●●●

piscina　プール
ピスシーナ
paella　パエジャ
パエジャ

luego　あとで
ルエゴ
idea　アイデア、考え
イデア

語根母音変化の不規則動詞

DL 18

語根母音が変化する動詞

　不規則活用の動詞に、語根母音変化の不規則動詞というものがあります。これは語尾が規則活用と同じで、語根部分の母音だけが変化します。ちょうど規則動詞と不規則動詞の中間にあると考えてください。母音の変化のしかたによって、次のようなパターンに分類できます。

〈動詞の例〉		〈1人称単数の活用形〉
e → ie	empezar（始まる、始める）	empiezo
o → ue	dormir（眠る）	duermo
u → ue	jugar（遊ぶ）	juego
e → i	pedir（頼む）	pido

母音変化の4つのパターン

❶ empezar〈e → ie〉（始まる、始める）
エンペサール

empezar の場合、1人称と2人称の複数は、-ar 動詞の規則変化動詞と同じ形です。

	単数	複数
1人称	empiezo エンピエソ	empezamos エンペサモス
2人称	empiezas エンピエサス	empezáis エンペサイス
3人称	empieza エンピエサ	empiezan エンピエサン

同じ活用をする動詞

cerrar 閉める
セラール

querer 望む
ケレール

perder 失う
ペルデール

sentir 感じる
センティール

Empiezo el curso de español. 私はスペイン語講座を始めます。
エンピエソ エル クルソ デ エスパニョール

La clase empieza a las nueve. 授業は9時に始まる。
ラ クラセ エンピエサ ア ラス ヌエベ

< empezar a + 不定詞>で「～し始める」です。

Los niños empiezan a cantar .　子どもたちは歌い始める。
ロス　ニーニョス　　エンピエサン　ア　カンタール

❷ dormir 〈o → ue〉（眠る）
ドルミール

	単数	複数
1人称	duermo ドゥエルモ	dormimos ドルミモス
2人称	duermes ドゥエルメス	dormís ドルミス
3人称	duerme ドゥエルメ	duermen ドゥエルメン

同じ活用をする動詞

contar　数える
コンタール

encontrar　見つける
エンコントラール

poder　～できる
ポデール

volver　戻る
ボルベール

Yo duermo mucho.　私はたくさん眠ります。
ジョ　ドゥエルモ　　ムーチョ

dormir の場合、1人称と2人称の複数は、-ir 動詞の規則変化動詞と同じ形です。

Tú duermes poco.　きみは少ししか眠りません。
トゥ　ドゥエルメス　ポコ

Dormimos en la cama.　私たちはベッドで眠ります。
ドルミモス　　エン　ラ　カマ

このパターンの動詞は jugar だけです。

❸ jugar 〈u → ue〉（遊ぶ）
フガール

	単数	複数
1人称	juego フエゴ	jugamos フガモス
2人称	juegas フエガス	jugáis フガイス
3人称	juega フエガ	juegan フエガン

jugar の場合、1人称と2人称の複数は、-ar 動詞の規則変化動詞と同じ形です。

Juego contigo.　ぼくはきみと遊ぶ。
フエゴ　　コンティーゴ

Juegas al fútbol .　きみはサッカーをやる。
フエガス　アル　フッボル

< jugar al + スポーツ名>で「～のスポーツをする」という意味です。

¿Cómo juegan tus hijos?　きみの子どもたちはどんな遊びをするの？
コモ　　フエガン　トゥス　イホス

❹ pedir 〈e → i〉（頼む）
ペディール

pedir の場合、1人称と2人称の複数は、-ir 動詞の規則変化動詞と同じ形です。

	単数	複数
1人称	pido ピド	pedimos ペディモス
2人称	pides ピデス	pedís ペディス
3人称	pide ピデ	piden ピデン

同じ活用をする動詞
servir 役に立つ
セルビール
elegir 選ぶ
エレヒール
seguir 続ける、続く
セギール

Pido un regalo a Papá Noel todos los años.
ピド　ウン　レガロ　ア　パパ　ノエル　トードス　ロス　アーニョス
毎年サンタクロースに贈り物を頼みます。

Tú pides un café con leche, ¿no?　きみはカフェ・オレを注文するんだね。
トゥ　ピデス　ウン　カフェ　コン　レチェ　ノ

Pedimos perdón a Dios.　神様に許しをこいましょう。
ペディモス　ペルドン　ア　ディオス

注意が必要な G と J

第1課の説明（12ページ）を参照してください。

-gir／-guir の動詞は、発音上次のように書き方が変わります。

❶ elegir 〈e → i〉（選ぶ）
エレヒール

	単数	複数
1人称	elijo エリホ	elegimos エレヒモス
2人称	eliges エリヘス	elegís エレヒス
3人称	elige エリヘ	eligen エリヘン

Yo elijo este vestido.　私はこのドレスにします。
ジョ　エリホ　エステ　ベスティード

Siempre eligen a un hombre como presidente.

シエンプレ　　エリヘン　ア　ウン　オンブレ　　　コモ　　　　プレシデンテ

いつも男性ばかり
議長に選びます。

❷ seguir ⟨e → i⟩（続く、続ける、追う）
セギール

	単数	複数
1人称	**sigo** シゴ	**seguimos** セギモス
2人称	**sigues** シゲス	**seguís** セギス
3人称	**sigue** シゲ	**siguen** シゲン

El curso sigue. 講座は続きます。
エル　クルソ　シゲ

Pepe sigue enfermo. ペペはまだ病気だ（病気の状態が続いている）。
ペペ　　シゲ　　エンフェルモ

La policía sigue a los terroristas. 警察はテロリストを追っている。
ラ　　ポリシア　　シゲ　ア　ロス　　テロリスタス

練習問題 ●解答は P234

1 それぞれの動詞の活用形を書きましょう。

① cerrar（閉める）
セラール

	単数	複数
1人称	cierro	
2人称		
3人称		

② querer（望む）
ケレール

	単数	複数
1人称		
2人称	quieres	
3人称		

③ sentir（感じる）
センティール

	単数	複数
1人称		
2人称		
3人称	siente	

④ entender（理解する）
エンテンデール

	単数	複数
1人称		
2人称		
3人称		entienden

DL
19

冠詞② 中性の冠詞 lo

中性の冠詞 lo

定冠詞（**el** や **la**）にも、不定冠詞（**un** や **una**）にも、それぞれ男性形と女性形がありました。しかし、そのどれにも属さない「中性の冠詞 **lo**」があります。単数や複数の変化もなく、つねに **lo** の形で用いられます。

lo の用法

❶ **lo + 形容詞** → 「〜なもの（こと）」という抽象名詞

lo dulce 　甘いもの
　ロ　　ドゥルセ

lo importante 　重要なこと
　ロ　　　　インポル**タ**ンテ

Lo importante es estudiar. 　重要なことは勉強することだ。
　ロ　　　　インポル**タ**ンテ　　エス エストゥディ**アー**ル

❷ **lo de + 名詞** → 「〜のこと」

「〜について話す」は *hablar de...* で覚えます。

lo de ayer 　昨日のこと
　ロ　デ　ア**ジェー**ル

Vamos a hablar de lo de ayer. 　昨日のことを話しましょう。
　バモス　ア　ア**ブ**ラール　デ　ロ　デ　ア**ジェー**ル

❸ 慣用的な用法

● **a lo largo de** 　〜に沿って（P73 参照）

A lo largo de la calle hay muchos árboles. 　通りに沿って木々
　ア　ロ　**ラ**ルゴ　デ　ラ　**カ**ジェ　**ア**イ　　ムー**チョ**ス　　ア**ル**ボレス 　がたくさんある。

● **por lo menos** 　少なくとも

Voy a comprar por lo menos un kilo de patatas.
　ボイ　ア　　コンプ**ラー**ル　　ポル　ロ　　**メ**ノス　　ウン　**キ**ロ　デ　　パ**タ**ータス
少なくともジャガイモを 1 キロ買おう。

● **a lo mejor** 　もしかすると

A lo mejor ya son las tres. 　もしかしたら、もう 3 時になる。
　ア　ロ　メ**ホー**ル　ジャ　ソン　ラス　**ト**レス

● **lo antes posible** できるだけ早く

Voy a salir lo antes posible. できるだけ早く出かけます。
ボイ　ア　サリール　ロ　アンテス　ポシブレ

冠詞のまとめ

❶ 無冠詞

● 職業や国籍、宗教を表す場合　　**Ana es estudiante.** アナは学生です。
アナ　エス　エストゥディアンテ

● 人への呼びかけ　　**Buenos días, señor López.**
ブエノス　ディアス　セニョール　ロペス
おはようございます、ロペスさん。

● 都市や国名などの固有名詞　**Madrid／España／Japón** など
ただし、**Los Ángeles** など冠詞が地名の一部になっている場合や、なんらかの形で限定される場合は例外です。

la España de la Edad Media 中世スペイン
ラ　エスパーニャ　デ　ラ　エダッ　メディア

● 移動の方法を表す場合　　**Voy en autobús.** バスで行きます。
ボイ　エン　アウトブス

● 材料を表す場合　　**tarta de manzana** リンゴのタルト
タルタ　デ　マンサーナ

blusa de seda 絹のブラウス
ブルーサ　デ　セダ

● 反対語を列挙する場合　　**hombre y mujer** 男と女
オンブレ　イ　ムヘール

❷ 不定冠詞

● 初出のもの、特定しないもの　　**Hay una casa.** 家が1軒あります。
アイ　ウナ　カサ

● 形容詞や de... などの修飾語がつく場合

Ana es una estudiante de historia.
アナ　エス　ウナ　エストゥディアンテ　デ　イストリア
アナは史学科の学生です。

比較してみてください。

第19課　冠詞②　中性の冠詞 lo

85

❸ 定冠詞

● 会話する者同士がすでに了解しているもの

Tengo un coche. El coche es azul.　私は車を持っている。その車は青い。
テンゴ　ウン　コチェ　エル　コチェ　エス　アスール

● 世界で 1 つしかないもの　　**el Sol**　太陽　　**la Tierra**　地球
エル　ソル　　　　ラ　ティエラ

● 時間を表す場合　　**Son las dos.**　2 時です。
ソン　ラス　ドス

● 尊称（**Sr.**／**Sra.**／**Dr.** など）を呼びかけ以外で使う場合

El señor Álvarez es mi profesor.　アルバレス氏は私の先生だ。
エル　セニョール　アルバレス　エス　ミ　プロフェソール

ただし、**don**／**doña** には不要です。

don Manuel　マヌエルさん　　**doña María**　マリアさん
ドン　マヌエル　　　　　ドーニャ　マリーア

「〜一家」は **los** で表します。

los señores Méndez　メンデスさん一家
ロス　セニョーレス　メンデス

● 山・川・海・半島・山脈・社名など

el Monte Fuji　富士山　　**el hotel Ritz**　リッツホテル
エル　モンテ　フジ　　　　エル　オテル　リッツ

* **una** と **la** は、後ろに続く女性名詞が **a** または **ha** で始まり、しかもここに
アクセントがある場合は、発音しにくいので **un** や **el** に変わります。

~~una~~ **hacha**　斧（女性名詞）　→　**un hacha**　→　**unas hachas**
ウン　アチャ　　　ウナス　アチャス

~~la~~ **agua**　水（女性名詞）　→　**el agua**　→　**las aguas**
エル　アグア　　　ラス　アグアス

複数になると冠詞は女
性形に戻ります。

練習問題 ●解答は P234

1 （　　　）に中性の冠詞を入れて、日本語に訳しましょう。

① （　　　　　　） importante es trabajar. ＿＿＿＿＿＿＿＿＿＿＿＿
インポルタンテ　　エス　　トラバハール

② Vamos a hablar de （　　　　） del viaje. ＿＿＿＿＿＿＿＿＿＿
バモス　ア　アブラール　デ　　　　　　　　デル　ビアヘ

③ Gracias por （　　　　　） de ayer. ＿＿＿＿＿＿＿＿＿＿＿＿＿
グラシアス　ポル　　　　　　　　デ　アジェール

2 （　　　）に正しい冠詞を入れましょう。不要な場合は×を書いてください。

① Vamos al cine en （　　　　） taxi.　タクシーで映画館へ行こう。
バモス　アル　シネ　エン　　　　　　タクシ

② Aquí está （　　　　） hotel Ritz.　ここにリッツホテルがある。
アキ　エスタ　　　　　　　　オテル　　リッツ

③ Cervantes es （　　　　） escritor.　セルバンテスは作家です。
セルバンテス　エス　　　　　　エスクリトール

④ Cervantes es （　　　　） escritor muy famoso.
セルバンテス　エス　　　　　　エスクリトール　ムイ　　ファモソ
セルバンテスは有名作家です。

⑤ Cervantes es （　　　　） autor de "El Quijote"
セルバンテス　エス　　　　　　アウトール　デ　エル　　キホーテ
セルバンテスは『ドン・キホーテ』の著者だ。

⑥ （　　　　） cielo es azul.　空は青い。
シエロ　エス　アスール

⑦ （　　　　） agua del río es fría.　この川の水は冷たい。
アグア　デル　リオ　エス　フリア

⑧ Buenas tardes, （　　　　） Sra. Fernández.　フェルナンデス夫人、こん
ブエナス　タルデス　　　　　　　セニョーラ　フェルナンデス　　　ばんは。

第19課の単語 （P84 ～ P87） ••••••••••••••••••••••••••••••

dulce　甘い
ドゥルセ
importante　重要な
インポルタンテ
estudiar　勉強する
エストゥディアール
hablar　話す
アブラール
calle　通り
カジェ

patata　じゃがいも
パタータ
salir　外出する
サリール
Edad Media　中世
エダッ　メディア
seda　絹
セダ
monte　山
モンテ

escritor　作家
エスクリトール
famoso　有名な
ファモソ
autor　著者
アウトール

87

日付・曜日・月

曜日と月

スペイン語では曜日と月は小文字で表します。

曜 日	
日	**domingo** ドミンゴ
月	**lunes** ルネス
火	**martes** マルテス
水	**miércoles** ミエルコレス
木	**jueves** フエベス
金	**viernes** ビエルネス
土	**sábado** サバド

12か月			
1月	**enero** エネロ	7月	**julio** フリオ
2月	**febrero** フェブレロ	8月	**agosto** アゴスト
3月	**marzo** マルソ	9月	**septiembre** セプティエンブレ
4月	**abril** アブリル	10月	**octubre** オクトゥブレ
5月	**mayo** マジョ	11月	**noviembre** ノビエンブレ
6月	**junio** フニオ	12月	**diciembre** ディシィエンブレ

来週・来月・来年

来週	**la próxima semana** ラ　プロクシマ　セマーナ	先週	**la semana pasada** ラ　セマーナ　パサーダ
来月	**el próximo mes** エル　プロクシモ　メス	先月	**el mes pasado** エル　メス　パサード
来年	**el próximo año** エル　プロクシモ　アーニョ	去年	**el año pasado** エル　アーニョ　パサード

語順が el año próximo と逆になる
こともあります。

日 付

曜日や日付を聞くときには、次のようにいいます。

¿Qué día es hoy?　今日は何曜日ですか？（今日は何日ですか？）
　ケ　ディア　エス　オイ

これに対する答えは、

曜日　→　(Hoy) Es jueves.　木曜日です。
　　　　　　オイ　　エス　　フエベス

日付　→　(Hoy) Es ocho de julio.　7月8日です。
　　　　　　オイ　　エス　オチョ　デ　　フリオ

曜日と日付をいっしょにいうときは、曜日が先になります。

(Hoy) Es jueves, ocho de julio.　7月8日、木曜日です。
　オイ　　エス　フエベス　　オチョ　　デ　　フリオ

冠詞や前置詞との関係

❶ 日付は〈el (día) + 数詞〉で表します。ただし、「今日は～日です」の場合
は、上にあげたように冠詞をつけません。単数あつかいです

Mi cumpleaños es el (día) siete de septiembre.　私の誕生日は
　ミ　　クンプレアーニョス　エス　エル　ディア　シエテ　　デ　　セプティエンブレ　　9月7日だ。

❷「～曜日に」や「～日に」「来週」「先週」などは定冠詞をつけますが、前置
詞 en は省略されます。　　　　　　　　　　　　　　　このように複数にもなります。

Siempre estoy en casa los domingos.　いつも日曜日は家にいます。
　シエンプレ　エストイ　エン　カサ　ロス　　ドミンゴス

Voy a ir a Osaka el día uno del próximo mes.
　ボイ　アイール ア　オサカ　エル ディア　ウノ　デル　　プロクシモ　　メス
来月1日に大阪に行きます。

Voy a Argentina el año próximo.　来年、アルゼンチンに行きます。
　ボイ　ア　　アルヘンティーナ　エル アーニョ プロクシモ

＊ ただし、「～月に」の場合は、無冠詞で前置詞をとります。

En junio vamos a tomar vacaciones.　6月に休暇をとりましょう。
　エン　フニオ　　バモス　ア　トマール　　バカシオネス

89

1 「今日は～です」という文にしましょう。

① Hoy es (　　　　). 今日は土曜日です。
　　 オイ　エス

② Hoy es (　　　　) de (　　　　). 今日は 3 月 1 日です。
　　 オイ　エス　　　　　　　デ

③ Hoy es (　　　　), 25 de (　　　　). 今日は 2 月 25 日、月曜日です。
　　 オイ　エス　　　ベインティシンコ　デ

2 (　　) に冠詞または前置詞を入れましょう。

① Mi cumpleaños es (　　) uno de enero.
　　 ミ　クンプレアーニョス　エス　　　ウノ　デ　エネロ
　　私の誕生日は 1 月 1 日です。

② (　　) día 31 de diciembre es Nochevieja.
　　　　ディアトレインタイウノ デ　ディシエンブレ　エス　　ノチェビエハ

　　12 月 31 日は大晦日だ。

③ Voy a Granada (　　) día 30 de noviembre.
　　 ボイ　ア　グラナダ　　　　ディアトレインタ デ　　ノビエンブレ
　　11 月 30 日にグラナダへ行きます。

④ Nuestras vacaciones empiezan (　　) agosto.
　　 ヌエストラス　バカシオネス　エンピエサン　　　アゴスト
　　われわれの休暇は 8 月に始まる。

⑤ (　　) domingos, estoy en casa de mis abuelos.
　　　　ドミンゴス　エストイ エン カサ デ ミス アブエロス
　　日曜日にはいつも祖父母の家にいます。

⑥ Vamos al museo (　　) próxima semana. 来週、美術館に行きます。
　　 バモス　アル　ムセオ　　　　プロクシマ　セマーナ

第20課の単語 (P88 ～ P90) ●●●●●●●●●●●●●●●●●●●●●●●●●●●

próximo 次の
プロクシモ
pasado 過ぎ去った
パサード
semana 週
セマーナ
mes 月
メス
año 年
アーニョ
día 日
ディア

cumpleaños 誕生日
クンプレアーニョス
siempre いつも
シエンプレ
tomar とる
トマール
vacaciones 休暇
バカシオネス
Nochevieja 大晦日
ノチェビエハ

Mini-diálogo

Ana : **¿Qué día es hoy?**
ケ ディア エス オイ

Juan : **Es 28 de junio, ¿por qué?**
エス ベインティオチョ デ フニオ ポル ケ

不定詞の後ろに人称代名詞が
ついた形。第22課で学びます。

Ana : **Porque... mañana es el cumpleaños de mi hermana.**
ポルケ マニャーナ エス エル クンプレアーニョス デ ミ エルマーナ

Juan : **¿De verdad? ¡Qué casualidad! También es mi cumpleaños.**
デ ベルダッ ケ カスアリダッ タンビエン エス ミ クンプレアーニョス

Ana : **Mi hermana cumple 25 años.**
ミ エルマーナ クンプレ ベインティシンコ アーニョス

Juan : **Vaya, yo también. ¿Por qué no vamos a celebrarlo juntos?**
バジャ ジョ タンビエン ポル ケ ノ バモス ア セレブラールロ フントス

Ana : **Muy bien. Voy a preparar una gran fiesta.**
ムイ ビエン ボイ ア プレパラール ウナ グラン フィエスタ

●日本語訳●

アナ ：今日は何日？
フアン：6月28日だよ。どうして？
アナ ：どうしてかっていうと……明日は姉の誕生日なの。
フアン：ほんとう？ 偶然だね、ぼくも誕生日だ。
アナ ：姉は25歳になるのよ。
フアン：へえー、ぼくもだよ。いっしょにお祝いしないかい？
アナ ：いいわ。大パーティーを準備するわ。

ひとくちメモ

昨日・今日・明日

- **ayer** アジェール　昨日
- **hoy** オイ　今日
- **pasado mañana** パサード マニャーナ　あさって

- **anteayer** アンテアジェール　おととい
- **mañana** マニャーナ　明日

第20課の単語 （P91） ●●●●●●●●●●●●●●●●●●●●●●●●●●●●●●●●●●●●●●

casualidad カスアリダッ　偶然
cumple クンプレ　〜歳になる（← cumplir）

celebrar セレブラール　祝う
preparar プレパラール　準備する

「〜がほしい」を表す QUERER

QUERER の活用

querer は、第 18 課で学んだ語根母音変化の動詞です。**e → ie** と変化します。

	単数	複数
1 人称	**quiero** キエロ	**queremos** ケレモス
2 人称	**quieres** キエレス	**queréis** ケレイス
3 人称	**quiere** キエレ	**quieren** キエレン

QUERER の用法

❶「〜がほしい」

¿Qué quieres?　何がほしい？
　ケ　　キエレス

　　　Quiero un vaso de agua.　水を 1 杯ほしい。
　　　キエロ　　ウン　バソ　デ　アグア

¿Qué quiere Juan?　フアンは何がほしいんですか？
　ケ　　キエレ　　フアン

　　　Él quiere una copa de vino.　彼はワインを 1 杯ほしがっています。
　　　エル　キエレ　ウナ　コパ　デ　ビノ

¿Cuántas naranjas queréis?　きみたち、オレンジをいくつほしいんだい？
　クアンタス　　ナランハス　　ケレイス

　　　Queremos cinco.　5 つほしいな。
　　　ケレモス　　　シンコ

92　　後ろの naranjas に性と
　　　　数が一致しています。

❷「〜が好きだ、愛している」

人が目的語の場合には、前置詞
a が必要です。これについては、
第 22 課で詳しく学びます。

Quiero mucho a mis hijos.　私は息子たちをとても愛しています。
キエロ　　ムーチョ　ア　ミス　イホス

Ana quiere mucho a Juan Antonio.
アナ　　キエレ　　ムーチョ　ア　フアン　　アントニオ

アナはフアン・アントニオをすごく愛している。

❸ querer + 不定詞で「〜したい」

Quiero comprar una casa.　家を買いたい。
キエロ　　コンプラール　　ウナ　　カサ

Queremos ir a México.　私たちはメキシコに行きたい。
ケレモス　　イール ア　　メヒコ

Ellos quieren viajar a Colombia.
エジョス　　キエレン　　ビアハール ア　　コロンビア

彼らはコロンビアへ旅行したがっている。

❹ querer + 不定詞を疑問文にして「〜してもらえますか?」

依頼の文になります。ただし、命令に近いニュアンスがあるので、使う場合
には注意が必要です。

¿Quieres ir conmigo?　私といっしょに行かない?
キエレス　イール　コンミーゴ

Sí, voy contigo.　ああ、きみといっしょに行くよ。
シィ　ボイ　コンティーゴ

¿Quiere venir un momento?　ちょっと来てもらえますか?
キエレ　　ベニール　ウン　　モメント

Sí, ahora mismo.　はい、ただいま。
シィ　アオラ　　ミスモ

ミニコラム

スペインの bar（バル)は立ち飲みが主流
　スペインの「バル」は、子どもからお年寄りまで気軽に立ち寄れる場所です。ミルク
やコーヒー、ワインやビールと品ぞろえが豊富で、tapa(タパ)と呼ばれる小皿で簡
単な軽食もとれます。
　tapa は「ふたをする」という意味の動詞 tapar が起源で、コップにふたをするよう
に置かれていたため、こう呼ばれるようになりました。
タパール

練習問題 ●解答は P235

1 ( ) に querer を正しく活用させて入れましょう。

① ¿Qué ( ) Ud.? あなた、何をさしあげますか？
  ケ　　　　　　　ウステッ

  ( ) un kilo de naranjas. オレンジを1キロほしいです。
  　　　　　　　ウン　キロ　デ　ナランハス

② ¿A dónde ( ) ir? きみはどこへ行きたいんですか？
  ア　ドンデ　　　　　　イール

  ( ) ir a Argentina. ぼくはアルゼンチンへ行きたいな。
  　　　　　イール　ア　アルヘンティーナ

③ ¿A quién ( )? きみはだれを愛しているの？
  ア　キエン

  ( ) mucho a Marisol. ぼくはマリソルをとても愛している。
  　　　　　ムーチョ　ア　マリソル

④ ¿Con quién ( ) viajar a México? きみたち、だれとメキシコに行きたいの？
  コン　キエン　　　　　　ビアハール　ア　メヒコ

  ( ) viajar con mis padres. 私たちは両親と旅行したいんです。
  　　　　　ビアハール　コン　ミス　パドレス

⑤ ¿( ) venir conmigo? きみ、ぼくと来ないかい？
  　　　　　ベニール　コンミーゴ

  Sí voy contigo. ああ、行くよ。
  シィ　ボイ　コンティーゴ

⑥ ¿( ) bailar con nosotros? きみたち、ぼくたちと踊らない？
  　　　　　バイラール　コン　ノソトロス

  Sí, con mucho gusto. ええ、喜んで。
  シィ　コン　ムーチョ　グスト

第21課の単語 (P92 〜 P94)●●●●●●●●●●●●●●●●●●●●●●●●●

vaso コップ
バソ
copa ワイングラス
コパ
momento 一瞬
モメント
ahora いま
アオラ

mismo まさに〜
ミスモ
ahora mismo いますぐに
アオラ　ミスモ
gusto 喜び
グスト
con mucho gusto 喜んで
コン　ムーチョ　グスト

Mini-diálogo

Carlos: **¿Quieres jugar a las cartas conmigo?**
キエレス　フガール　ア　ラス　**カ**ルタス　　コンミーゴ

María: **No, no tengo ganas.**
ノー　ノ　テンゴ　ガナス

Carlos: **Entonces, ¿por qué no tomamos un café?**
エントンセス　　ポル　**ケ**　ノ　　トマモス　　ウン　カフェ

María: **Tampoco. La verdad es que no estoy bien.**
タンポコ　　ラ　ベル**ダ**ッ　エス　ケ　ノ　エス**ト**イ　ビエン

Voy a la cama.
ボイ　ア　ラ　カマ

Carlos: **¿Ah sí? Pues yo también voy a la cama.**
ア　シィ　　プエス　ジョ　タンビエン　　ボイ　ア　ラ　カマ

●日本語訳●

カルロス：ぼくとトランプしない？
マリア　：ううん、気分がのらないわ。
カルロス：じゃあ、コーヒーでも飲もうか？
マリア　：それもいらないわ。
　　　　　ほんとうに調子がよくないのよ。寝るわ。
カルロス：ああ、そうなの？　じゃあ、ぼくも寝るかな。

ひとくちメモ

también と tampoco

también は「〜もまた〜だ」、反対に tampoco は「〜もまた〜ない」という意味です。

● **Voy a la montaña.** 山へ行きます。
ボイ　ア　ラ　モンターニャ

Yo también (voy). ぼくもだよ。
ジョ　タンビエン　　ボイ

● **No voy a la playa.** 海岸へは行かない。
ノ　ボイ　ア　ラ　プラジャ

Yo tampoco (voy). ぼくも行かないよ。
ジョ　タンポコ　　ボイ

第21課の単語（P95）

carta　トランプ
カルタ
gana　意欲
ガナ

tener ganas　意欲がある
テネール　ガナス
cama　ベッド
カマ

Lección **22**

直接目的語と人称代名詞

直接目的語

「だれを」や「何を」にあたる語を、動詞の**直接目的語**といいます。直接目的語になるのは名詞と代名詞です。

直接目的語が人の場合には、直接目的語の前に前置詞 **a** を置きます。

Leemos periódicos. 私たちは新聞を読みます。
レエモス　　　ペリオディコス

下線部分が直接目的語です。

Queremos a Juan. 私たちはフアンのことを好きです。
ケレモス　　ア　フアン

Esperamos a nuestros hijos. 息子たちを待っています。
エスペラモス　　ア　ヌエストロス　　イホス

直接目的格人称代名詞

❶ 直接目的格人称代名詞の種類

私を	**me** メ	私たちを	**nos** ノス
きみを	**te** テ	きみたちを	**os** オス
彼を あなた(男性)を	**lo (le)** ロ　レ	彼らを あなた方(男性)を	**los (les)** ロス　レス
彼女を あなた(女性)を	**la** ラ	彼女らを あなた方(女性)を	**las** ラス
それを	**lo, la** ロ　ラ	それらを	**los, las** ロス　ラス
そのことを(中性)	**lo** ロ		

96

❷ 直接目的格人称代名詞の用法

直接目的語を人称代名詞に置き換えると、次のようになります。

人称代名詞は動詞の前に出します。

Compro <u>un coche</u>. 車を買う。 → Lo compro.
コンプロ　ウン　コチェ　　　　　　　　　ロ　コンプロ

Compro <u>una rosa</u>. バラの花を買う。 → La compro.
コンプロ　ウナ　ロサ　　　　　　　　　　　ラ　コンプロ

Compramos <u>libros</u>. 本(複数)を → Los compramos.
コンプラモス　リブロス　　買う。　　　　ロス　コンプラモス

Compramos <u>faldas</u>. スカート(複 → Las compramos.
コンプラモス　ファルダス　数)を買う。　ラス　コンプラモス

それ(ら)を買う

直接目的語が人の場合には、次のようになります。

Queremos <u>a Juan</u>. → Lo queremos. 彼を好きだ。
ケレモス　ア　フアン　　　ロ　ケレモス

Queremos <u>a Ana</u>. → La queremos. 彼女を好きだ。
ケレモス　ア　アナ　　　ラ　ケレモス

直接目的語が物の場合も、人称代名詞を使います。

¿Compras estas manzanas? Sí, las compro. このリンゴを買う？
コンプラス　エスタス　マンサーナス　シィ　ラス　コンプロ　ええ、買うわ。

¿Compras este coche? No, no lo compro. この車を買う？
コンプラス　エステ　コチェ　ノー　ノ　ロ　コンプロ　いや、買わない。

人称代名詞が不定詞の目的語の場合は、不定詞の後ろに直結させても、あるいは動詞の前に出しても OK です。

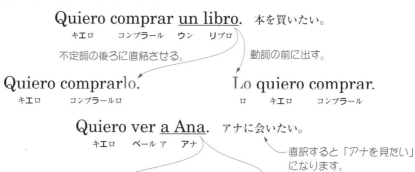

Quiero comprar <u>un libro</u>. 本を買いたい。
キエロ　コンプラール　ウン　リブロ

不定詞の後ろに直結させる。　　　　　動詞の前に出す。

Quiero comprarlo. Lo quiero comprar.
キエロ　コンプラールロ　　　ロ　キエロ　コンプラール

Quiero ver <u>a Ana</u>. アナに会いたい。
キエロ　ベール　ア　アナ

直訳すると「アナを見たい」になります。

Quiero verla. La quiero ver.
キエロ　ベールラ　　　ラ　キエロ　ベール

男性の **lo／los** は、人に用いられるときに **le／les** になる場合があります。

¿Quieres a Juan?　あなたはフアンのことを愛していますか？
キエレス　ア　フアン

Sí, lo quiero. (Sí, le quiero.)　はい、愛しています。
シィ　ロ　キエロ　　シィ　レ　キエロ

❸ **中性の lo**

lo は「そのこと」という意味で、文全体やその一部をさして使います。

Él va a ser el presidente de México.　　**No lo creo.**
エル　バ　ア　セール　エル　プレシデンテ　　デ　　メヒコ　　　　ノ　ロ　クレオ

彼はメキシコの大統領になるわよ。　　　　　　　　そうは思わないね。

前の文全体を lo で受けています。

練習問題　●解答は P235

1（　　）に正しい人称代名詞を書きましょう。

① **¿Me quieres?**　**Sí, (　　) quiero.**
メ　　キエレス　　シィ　　　　キエロ

ぼくを愛してる？　　ええ、愛してるわ。

② **¿Ana quiere a Pepe?**　**No, no (　　) quiere.**
アナ　キエレ　ア　ペペ　　　ノー　ノ　　　　キエレ

アナはペペを愛してる？　　いや、彼を愛していないよ。

③ **¿Quieres ver la película?**　**Sí, quiero ver(　　).**
キエレス　　ベール　ラ　　ペリクラ　　　シィ　キエロ　　ベール

その映画を見たいかい？　　　　　　　　ああ、見たいね。

④ **¿Vas a comprar aquella casa de campo?**　**No, no (　　) compro.**
バス　ア　コンプラール　アケジャ　カサ　デ　カンポ　　　ノー　ノ　　　　コンプロ

あの別荘を買うの？　　　　　　　　　　　　いや、買わないよ。

第22課の単語（P96〜P98）●●●●●●●●●●●●●●●●●●●●●●●●●●●●●●●●●●●

rosa　バラ
ロサ
presidente　大統領
プレシデンテ
película　映画
ペリクラ

98

Mini-diálogo

María : **Ahora empieza la telenovela.**
アオラ　　エンピエサ　ラ　　テレノベラ

¿Vamos a verla?
バモス　ア　ベールラ

Carlos : **Buena idea. Pero primero, voy a preparar café.**
ブエナ　イデア　ペロ　プリメーロ　ボイ　ア　プレパラール　カフェ

¿Tú también quieres?
トゥ　タンビエン　キエレス

María : **Sí, gracias. Con leche y azúcar, por favor.**
シィ　グラシアス　コン　レチェ　イ　アスカル　ポル　ファボール

Carlos : **Vale. Aquí lo tienes.**
バレ　アキ　ロ　ティエネス

María : **Gracias. Mira, ya empieza.**
グラシアス　ミラ　ジャ　エンピエサ

●日本語訳●

マリア　　：いまテレビ小説が始まるわ。見ない？
カルロス：いいね。でも、まず、コーヒーをいれるよ。
　　　　　きみもほしい？
マリア　　：ええ、ありがと。ミルクとお砂糖もね。
カルロス：オーケー。はい、どうぞ。
マリア　　：ありがとう。ほら、もう始まるわ。

ひとくちメモ

人にものをさし出すときは、動詞は相手の人称で

- **¿Me das la llave?**　**Sí, aquí la tienes.**
　メ　ダス　ラ　ジャベ　　　シィ　アキ　ラ　ティエネス
　かぎをくれる？　　　　はい、どうぞ。　　　相手は *tú* です。

- **¿Su pasaporte, por favor?**　**Sí, aquí lo tiene.**
　ス　パサポルテ　ポル　ファボール　　シィ　アキ　ロ　ティエネ
　パスポートをお持ちですか？　ええ、どうぞ。
　　　　　　　　　　　　　　　　　　su pasaporte = lo
　　　　　　　　　　　　　　　　　　相手は Ud. です。

第22課の単語 （P99）•••••••••••••••••••••••••

empezar 始まる
エンペサール
telenovela メロドラマ
テレノベラ
leche ミルク
レチェ

azúcar 砂糖
アスカル
mira ＜間投詞的に＞ほら
ミラ
（← **mirar** の命令形）。

間接目的語と人称代名詞

間接目的格とその人称代名詞

「だれに」にあたる語を動詞の**間接目的語**といいます。間接目的語になるのは「人」で、これを代名詞に置き換えたものを**間接目的格人称代名詞**といいます。

Te voy a regalar una rosa.　きみにバラを贈ろう。
テ　ボイ　ア　レガラール　ウナ　ロサ

間接目的格人称代名詞です。

間接目的格人称代名詞

❶ 間接目的格人称代名詞の種類

私に	**me** メ	私たちに	**nos** ノス
きみに	**te** テ	きみたちに	**os** オス
彼に 彼女に あなたに	**le** レ	彼らに 彼女らに あなた方に	**les** レス

❷ 間接目的格人称代名詞の用法

間接目的格人称代名詞は動詞の前に置かれます。

Juan me compra un libro.　フアンは私に本を買ってくれます。
フアン　メ　コンプラ　ウン　リブロ

Juan te compra un libro.　フアンはきみに本を買います。
フアン　テ　コンプラ　ウン　リブロ

3人称の場合には「だれ」なのかわかりにくいので、もう一度、名前や名詞をくり返します。

Juan le compra un libro a Maite. フアンはマイテに本を買います。
フアン　レ　コンプラ　ウン　リブロ　ア　マイテ

le = a Maite です。人称代名詞に置き換わっていない間接目的語の前には、前置詞 a が必要です。

Juan les compra libros a sus hermanos. フアンは弟たちに本を買います。
フアン　レス　コンプラ　リブロス　ア　スス　エルマーノス

les = a sus hermanos です。

間接目的と直接目的の人称代名詞では、間接目的のほうが前に置かれます。

Juan me compra un libro. フアンは私に本を買ってくれる。
フアン　メ　コンプラ　ウン　リブロ
間接目的語

Juan me lo compra. フアンは私にそれを買ってくれる。
フアン　メ　ロ　コンプラ

3 人称の間接目的格 le ／ les は、後ろに la ／ lo ／ las ／ los がくると発音しづらいので、se に変わります。

Ana regala un libro a Juan. アナはフアンに本を 1 冊プレゼントします。
アナ　レガラ　ウン　リブロ　ア　フアン

Ana le regala un libro. アナは彼に本を 1 冊プレゼントします。
アナ　レ　レガラ　ウン　リブロ
この形は
使いません！

Ana le lo regala.　　　Ana se lo regala. アナは彼にそれをプレゼントします。
アナ　セ　ロ　レガラ

不定詞の間接目的になる場合には、直接目的と同じように不定詞の後ろに直結させるか、または動詞の前に出します。

Voy a regalar un libro a Juan. フアンに本をプレゼントしよう。
ボイ　ア　レガラール　ウン　リブロ　ア　フアン

不定詞の後ろに直結させる。　　　　　　　　　動詞の前に出す。

Voy a regalarle un libro.　　　Le voy a regalar un libro.
ボイ　ア　レガラールレ　ウン　リブロ　　　レ　ボイ　ア　レガラール　ウン　リブロ

Voy a regalárselo.　　　Le lo voy a regalar.

Voy a regalárselo.　　　Se lo voy a regalar.
ボイ　ア　レガラールセロ　　　セ　ロ　ボイ　ア　レガラール

不定詞 regalar のアクセント位置が生きるように、アクセントをつけます。

101

1 まず間接目的語を人称代名詞に変え、次に直接目的語も変えましょう。

①Compro un coche a mi hijo.　私は息子に車を買ってあげる。
コンプロ　ウン　コチェ　ア　ミ　イホ

(　　　) compro un coche a mi hijo.
コンプロ　ウン　コチェ　ア　ミ　イホ

(　　) (　　　) compro.
コンプロ

②Escribes una carta a tu abuelo.　きみはおじいさんに手紙を書きます。
エスクリベス　ウナ　カルタ　ア　トゥ　アブエロ

(　　　) escribes una carta a tu abuelo.
エスクリベス　ウナ　カルタ　ア　トゥ　アブエロ

(　　) (　　　) escribes.
エスクリベス

③Juan regala una bicicleta a María.　フアンはマリアに自転車を贈る。
フアン　レガラ　ウナ　ビシクレタ　ア　マリーア

Juan (　　　) regala una bicicleta a María.
フアン　レガラ　ウナ　ビシクレタ　ア　マリーア

Juan (　　) (　　　) regala.
フアン　レガラ

④Preparamos el desayuno a nuestra abuela.　祖母に朝食を作ってあげます。
プレパラモス　エル　デサジュノ　ア　ヌエストラ　アブエラ

(　　　) preparamos el desayuno a nuestra abuela.
プレパラモス　エル　デサジュノ　ア　ヌエストラ　アブエラ

(　　) (　　　) preparamos.
プレパラモス

第23課の単語 (P100 ～ P102) ●●●●●●●●●●●●●●●●●●●●●●●●●●●●

regalar　贈る
レガラール
escribir　書く
エスクリビール
carta　手紙
カルタ

bicicleta　自転車
ビシクレタ
desayuno　朝食
デサジュノ

Mini-diálogo

Ana : **Oye, ¿salimos de copas esta noche?**
オジェ　　サリモス　デ　コパス　エスタ　ノチェ

Juan : **No, no puedo.**
ノー　ノ　プエド

Ana : **¿Por qué?**
ポル　ケ

Juan : **Porque José me va a traer un vídeo.**
ポルケ　ホセ　メ　バ　ア　トラエール　ウン　ビデオ

¿Vamos a verlo juntos?
バモス　ア　ベールロ　フントス

Es una película muy interesante.
エス　ウナ　ペリクラ　ムイ　インテレサンテ

Ana : **¿De veras? Entonces ¿por qué no invitamos a Marta?**
デ　ベラス　エントンセス　ポル　ケ　ノ　インビタモス　ア　マルタ

Juan : **Vale. Ahora mismo voy a llamarla. A ver si puede.**
バレ　アオラ　ミスモ　ボイ　ア　ジャマールラ　ア　ベール　シ　プエデ

●日本語訳●

Marta

アナ　：ねえ、今晩飲みに行かない？

フアン：いや、行けないんだ。

アナ　：どうして？

フアン：ホセがビデオを持って来るんだよ。いっしょに見ないかい？
　　　　すごくおもしろい映画だよ。

アナ　：ほんとうに？　じゃあ、マルタを誘わない？

フアン：オーケー。いますぐ彼女に電話するよ。来られるかな……。

第23課の単語 （P103） ●●●●●●●●●●●●●●●●

salir de copas　飲みに出る
サリール　デ　コパス

traer　持って来る
トラエール

vídeo　ビデオ
ビデオ

interesante　おもしろい
インテレサンテ

¿de veras?　ほんとう？
デ　ベラス

llamar　電話する
ジャマール

a ver si　〜かどうか見てみよう
ア　ベール　シ

不定詞①

不定詞の性質

　動詞の活用していない形（原形）を、**不定詞**といいます。「〜すること」という意味をもち、名詞と同じ働きをします。つまり、定冠詞がついたり、主語や目的語になったりします。

　また、動詞の性格もそのままもっているので、目的語や補語をもつことができます。それでは、その用法を詳しく見ていきましょう。

不定詞の用法

❶ 主語として「〜することは」という意味

español は *entender* の目的語です。

(El) Entender español es muy fácil.
エル　エンテンデール　エスパニョール　エス　ムイ　ファシル

これが主語です。　　定冠詞がつくこともあります。

スペイン語を理解することは
とてもやさしい。

❷ 直接目的語となって「〜することを」という意味

Ellos saben bailar.　彼らは踊ることを知っている。→ 彼らは踊れます。
エジョス　サベン　バイラール

これが直接目的語です。

Quiero ver a Ana.　アナに会うことを望む。→ アナに会いたい。
キエロ　ベール　ア　アナ

❸ SER 動詞の補語として「〜すること」という意味

(El) Enseñar es aprender.　教えることは学ぶことである。
エル　エンセニャール　エス　アプレンデール

これが補語です。

Lo importante es estudiar mucho.　大切なことはよく勉強することだ。
ロ　インポル**タ**ンテ　エス　エストゥディ**アー**ル　ムーチョ

❹ **para** ／ **sin** ／ **de** のような前置詞などと組んで形容詞句や副詞句を作る

Trabajamos <u>para vivir</u>. 生きるために働きます。
トラバハモス　　　　パラ　　ビビール

<u>Sin aprender verbos</u> no podéis hablar español.
シン　　アプレンデール　　ベルボス　　ノ　　ポディス　　アブラール　　エスパニョール

動詞を勉強せずにスペイン語を話すことはできません。

Es la hora <u>de comer</u>. 食事の時間です。
エス　ラ　　オラ　　デ　　コメール

<u>Antes de subir</u> al tren, vamos a comprar una botella de agua.
アンテス　デ　スビール アル トレン　　バモス　ア　コンプラール　　ウナ　　ボテージャ　デ　アグア

汽車に乗る前に水を1びん買おう。

<u>Después de comer</u>, leo el periódico. 食事のあと、新聞を読みます。
デスプエス　　デ　コメール　　レオ エル　ペリオディコ

❺ **al** + 不定詞で「〜するとき、〜すると」という意味

Al terminar la clase, siempre vamos a tomar café. 授業が終わるといつもコ
アル　テルミナール　ラ　クラセ　シエンプレ　　バモス　ア　トマール　カフェ　　ーヒーを飲みに行きます。

　　　　　　└──「〜するとき」という意味。詳しくは第39課で学びます。

(= <u>Cuando termina</u> la clase, siempre vamos a tomar café.)
クアンド　　テルミナ　　ラ　クラセ　シエンプレ　　バモス　ア　トマール　カフェ

Al amanecer, el pastor sale de casa. 夜が明けると、羊飼いは家を出る。
アル　　アマネセール　エル　パストール　サレ　デ　カサ

(= <u>Cuando amanece</u>, el pastor sale de casa.)
クアンド　　アマネセ　エル　パストール　サレ　デ　カサ

❻ **de** + 不定詞で「〜ならば」という意味

De viajar por España, voy a Barcelona. スペインを旅行するなら、
デ　ビアハール　ポル　エスパーニャ　ボイ　ア　　バルセローナ　　バルセロナへ行きます。

　　　　　└──「もし〜ならば」という意味。第53課で学びます。

(= <u>Si viajo</u> por España, voy a Barcelona.)
シィ　ビアホ　ポル　エスパーニャ　ボイ　ア　　バルセローナ

De aprobar el examen, voy a tomar una semana de vacaciones.
デ　アプロバール　エル　エクサメン　　ボイ　ア　トマール　　ウナ　　セマーナ　デ　　バカシオネス

試験に受かったら休暇を1週間とろう。

(= <u>Si apruebo</u> el examen, voy a tomar una semana de vacaciones.)
シィ　アプルエボ　エル　エクサメン　　ボイ　ア　トマール　　ウナ　　セマーナ　デ　　バカシオネス

1 （　　　）に適当な語を入れて文を完成させましょう。

① Aprender chino （　　　） muy difícil.　中国語を学ぶのはとても難しい。
アプレンデール　チノ　　　　　　ムイ　ディフィシル

② （　　　） muy fácil aprender español.　スペイン語を学ぶのはとても簡単だ。
　　　　　ムイ　ファシル　アプレンデール　エスパニョール

③ Es la hora （　　　） ir al aeropuerto.　空港へ行く時間です。
エス　ラ　オラ　　　　　　イール　アル　アエロプエルト

④ Queremos （　　　） a Buenos Aires.　ブエノスアイレスへ行きたい。
ケレモス　　　　　　ア　ブエノス　　アイレス

⑤ Lo importante （　　） llegar a tiempo.
ロ　インポルタンテ　　　　　　ジェガール　ア　ティエンポ
重要なのは時間に間に合うことだ。

⑥ （　　） ir a la estación tenemos que tomar un taxi.
　　　　イールア　ラ　エスタシオン　テネモス　ケ　トマール　ウン　タクシ
駅に行くためにはタクシーに乗らないといけない。

⑦ Lola sabe （　　） muy bien flamenco.　ローラはフラメンコを上手に踊れる。
ローラ　サベ　　　　　ムイ　ビエン　フラメンコ

⑧ Vamos a bailar （　　　） dormir.　眠らずに踊ろう。
バモス　ア　バイラール　　　　　ドルミール

⑨ （　　） （　　） ver la tele, voy a tomar un café.
　　　　　　　　　　ベール　ラ　テレ　ボイ　ア　トマール　ウン　カフェ
テレビを見たあとでコーヒーを飲もう。

第24課の単語 （P104 ～ P106） ●●●●●●●●●●●●●●●●●●●●●●●●●●●●●

entender　理解する
エンテンデール
fácil　やさしい
ファシル
enseñar　教える
エンセニャール
aprender　学ぶ
アプレンデール
vivir　生きる
ビビール
verbo　動詞
ベルボ
subir　上る、乗る
スビール
botella　びん
ボテージャ
terminar　終わる
テルミナール

clase　授業
クラセ
amanecer　夜が明ける
アマネセール
pastor　羊飼い
パストール
aprobar　合格する
アプロバール
examen　試験
エクサメン
difícil　難しい
ディフィシル
llegar　到着する
ジェガール
llegar a tiempo　間に合う
ジェガール ア ティエンポ
tele　テレビ
テレ

106

Mini-diálogo

María : **Oye, ¿puedes ayudarme un poco?**
オジェ　プエデス　アジュダールメ　ウン　ポコ

Carlos : **Perdón, tengo prisa. Tengo que estar en la oficina a las dos.**
ベルドン　テンゴ　プリサ　テンゴ　ケ　エスタール　エン　ラ　オフィシナ　ア　ラス　ドス

tener que + <不定詞>で
「〜しなければならない」です。

María : **¿Para qué?**
パラ　ケ

Carlos : **Para recibir a un cliente.**
パラ　レシビール　ア　ウン　クリエンテ

María : **Pero ya es la hora de comer.**
ペロ　ジャ　エス　ラ　オラ　デ　コメール

Carlos : **Lo siento. Pero tengo que ir. Te llamo luego.**
ロ　シエント　ペロ　テンゴ　ケ　イール　テ　ジャモ　ルエゴ

María : **Vale. Hasta luego.**
バレ　アスタ　ルエゴ

Carlos : **Hasta luego.**
アスタ　ルエゴ

●日本語訳●

マリア　：ねえ、ちょっと手伝ってくれない？
カルロス：ごめん、急いでるんだ。２時に事務所にいなくちゃ。
マリア　：なんのために？
カルロス：クライアントが来るんだよ。
マリア　：もう食事の時間だっていうのに？
カルロス：悪いね。でも、行かなくちゃいけないんだ。あとで電話するよ。
マリア　：いいわ。行ってらっしゃい。
カルロス：じゃあ。

第24課の単語 (P107)

ayudar　助ける
アジュダール
perdón　ごめんなさい
ベルドン
prisa　迅速
プリサ
tener prisa　急いでいる
テネール　プリサ

oficina　事務所
オフィシーナ
recibir　迎える
レシビール
cliente　顧客
クリエンテ
lo siento　残念です（← sentir）
ロ　シエント

107

不定詞②

知覚動詞といっしょに使う不定詞

代表的な知覚動詞は、次の２つです。

ver ベール	見る	**oír** オイール	聞く

不定詞を知覚動詞といっしょに使うと、「（だれかが）〜するのを見る・聞く」という意味になります。

人が直接目的語になっているので、前置詞 *a* が必要です。

María は *oímos* の直接目的語であり、同時に *cantar, llorar* の意味上の主語になっています。

Oímos a <u>María</u> cantar.　マリアが歌うのを聞きます。
　オイモス　ア　マリーア　カンタール

Oímos a <u>María</u> llorar.　マリアが泣くのを聞きます。
　オイモス　ア　マリーア　ジョラール

＊上の２つの例文の語順を入れ換えて、下のようにすることもできます。

Oímos cantar a María.
　オイモス　カンタール　ア　マリーア

Oímos llorar a María.
　オイモス　ジョラール　ア　マリーア

ここで、代表的な知覚動詞の活用を確認しておきましょう。

❶ oír（聞く）
オイール

	単数	複数
１人称	**oigo** オイゴ	**oímos** オイモス
２人称	**oyes** オジェス	**oís** オイス
３人称	**oye** オジェ	**oyen** オジェン

❷ ver（見る）
ベール

	単数	複数
１人称	**veo** ベオ	**vemos** ベモス
２人称	**ves** ベス	**veis** ベイス
３人称	**ve** ベ	**ven** ベン

命令・禁止・許可・助言の動詞といっしょに使う不定詞

命令・禁止・許可・助言の動詞の代表的なものは、次の4つです。

mandar マンダール 命令する	**prohibir** プロイビール 禁止する	**permitir** ペルミティール 許可する	**aconsejar** アコンセハール 助言する

不定詞を命令・禁止・許可・助言の動詞といっしょに使うと、「（だれかが）
～することを禁止する・許可する」などという意味になります。

Mi padre me prohíbe fumar.　父は私にタバコを吸うことを禁じる。
ミ　パドレ　メ　プロイーベ　フマール

主語　間接目的語　　*fumar* は *prohibir* の目的語です。
（fumar の意味上の主語）

上の例文を前から読むと、「父は私に禁止する」「タバコを吸うことを」とな
ります。つまり、「タバコを吸う」のは **me** ということになります。間接目的
語と不定詞との関係に注意しながら、次の例文を見てみましょう。

Mi padre me permite salir por la noche.
ミ　パドレ　メ　ペルミテ　サリール　ポル　ラ　ノチェ
父は私が夜に外出するのを許可する。　　これが後ろの不定詞の意味上の主語です。

Mi padre me aconseja no beber.
ミ　パドレ　メ　アコンセハ　ノ　ベベール
父は私が酒を飲まないようにアドバイスする。

Mi padre me ordena recoger la habitación.
ミ　パドレ　メ　オルデナ　レコヘール　ラ　アビタシオン
父は私が部屋をかたづけるように命令する。

Te aconsejo estudiar más.　私はきみにもっと勉強するように助言する。
テ　アコンセホ　エストゥディアール　マス

Le aconsejo a José estudiar más.
レ　アコンセホ　ア　ホセ　エストゥディアール　マス　固有名詞を反復することで、le が具体的に
私はホセにもっと勉強するように助言する。　だれなのかがはっきりします。

Les aconsejo a mis hermanos estudiar más.
レス　アコンセホ　ア　ミス　エルマーノス　エストゥディアール　マス
私は弟たちにもっと勉強するように助言する。

1 （　　）に正しい間接目的語を入れましょう。

① La policía (　　　) permite estar aquí.
　　ラ　　ポリシーア　　　　　　ペルミテ　　エスタール　アキ
　　警官は<u>私</u>がここにいることを許可している。

② (　　　) permito estar aquí.　<u>きみ</u>がここにいることを私は許可する。
　　　　　ペルミト　　エスタール　アキ

③ La profesora (　　) permite cantar.
　　ラ　　プロフェソーラ　　　　ペルミテ　　カンタール
　　先生は<u>私たち</u>が歌うのを許可している。

④ (　　　) permito cantar.　<u>きみ</u>が歌うのを私は許可する。
　　　　ペルミト　　カンタール

⑤ (　　　) permito a Juan cantar.　<u>フアン</u>が歌うのを私は許可する。
　　　　ペルミト　ア　フアン　　カンタール

⑥ (　　　) permito a Juan y Pepe cantar.
　　　　ペルミト　ア　フアン　イ　ペペ　　カンタール
　　<u>フアンとペペ</u>が歌うのを私は許可する。

2 次の文を書き換えてみましょう。

María canta sevillanas.
マリーア　　カンタ　　セビジャーナス　━━━ セビージャの民俗音楽。

① 私たちはマリアがセビジャーナスを歌うのを聞く。

_____

② 私はマリアがセビジャーナスを歌うのを聞きたい。

_____

③ 私はマリアがセビジャーナスを歌うのを許可している。

_____

④ マリアのお母さんはマリアがセビジャーナスを歌うのを禁止している。

第25課の単語 (P108 〜 P109) ●●●●●●●●●●●●●●●●●●●●●●●●●●●●

cantar　歌う
カンタール
llorar　泣く
ジョラール
aconsejar　助言する
アコンセハール

recoger　かたづける
レコヘール
habitación　部屋
アビタシオン

Mini-diálogo

Ana : **Ya está preparada la tarta. ¿Quieres probarla?**
　　　ジャ　エスタ　プレパラーダ　ラ　タルタ　キエレス　プロバールラ

Juan : **Gracias, pero no. Mi madre me prohíbe comer**
　　　グラシアス　ペロ　ノ　ミ　マドレ　メ　プロイーベ　コメール

　　　dulces, porque estoy a dieta.
　　　ドゥルセス　ポルケ　エストイ　ア　ディエタ

Ana : **Bien, te aconsejo tomar mucha verdura y hacer ejercicio.**
　　　ビエン　テ　アコンセホ　トマール　ムーチャ　ベルドゥラ　イ　アセール　エヘルシシオ

Juan : **Hacer ejercicio es fácil, pero luego...**
　　　アセール　エヘルシシオ　エス　ファシル　ペロ　ルエゴ

Ana : **Luego te aconsejo tomar solo agua. Si no...**
　　　ルエゴ　テ　アコンセホ　トマール　ソロ　アグア　シ　ノ

Juan : **Ya, ya... Por eso estos días siempre tengo hambre.**
　　　ジャ　ジャ　ポル　エソ　エストス　ディアス　シエンプレ　テンゴ　アンブレ

●日本語訳●

アナ　：ほら、ケーキができたわ。試食したい？
フアン：ありがとう、でも、やめとく。
　　　　甘いものを食べるのを母に禁止されてるんだ。
　　　　ダイエット中だからさ。
アナ　：いいわ。野菜をいっぱい食べて、運動をするようアド
　　　　バイスするわ。
フアン：運動するのはやさしいんだけどね、そのあと……。
アナ　：そのあとは水だけを飲むことね、でないと……。
フアン：わかった、わかった。だから、ここ数日いつもおなか
　　　　がすいてるんだよ。

第25課の単語 （P111） ●●●●●●●●●●●●●●●●●●●●●●●●●●●

tarta ケーキ
　タルタ
probar 試す、試食する
　プロバール
dulces 菓子（複数形で）
　ドゥルセス
dieta ダイエット
　ディエタ
estar a dieta ダイエット中である
　エスタール　ア　ディエタ

verdura 野菜
　ベルドゥラ
ejercicio 運動
　エヘルシシオ
luego あとで
　ルエゴ
solo ～だけ
　ソロ
ya 「わかった、もういいよ」の意味
　ジャ

Lección 26

「～が好きです」を表すGUSTAR

DL 26

GUSTAR の活用

日本語では「私は～が好きです」といいますが、スペイン語では「～が私に好かれる」という表現をします。このときに使われる動詞が、**gustar** です。

上の例文では、文法上の主語は **España** です。したがって、**gustar** の活用形はすべて 3 人称単数の **gusta** になります。文法上の主語が複数になると、**gustar** も 3 人称の複数形になります。

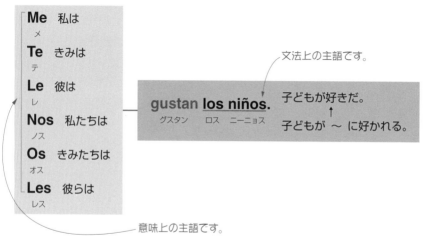

112

不定詞が文法上の主語になる場合もあります。不定詞は、単数あつかいです。

Me gusta bailar. 私は踊ることが好きだ。← 踊ることが私に好かれる。
メ　　　グスタ　　　バイラール

gustar の意味上の主語には、**me** ／ **te** ／ **le** など間接目的格の人称代名詞が使われます。3人称の **le** ／ **les** の場合は「彼（ら）」「彼女（ら）」「あなた（方）」のだれをさすのかはっきりさせるために、文頭に固有名詞や人称代名詞を出します。この場合も、**me** ／ **te** ／ **le** は省略せずにくり返します。

A María le gusta bailar. マリアは踊ることが好きだ。
ア　　マリーア　　レ　　グスタ　　　バイラール

A ella le gusta viajar. 彼女は旅行することが好きだ。
ア　エジャ　レ　　グスタ　　　ビアハール

¿A Ud. le gusta ir al cine? あなたは映画に行くのが好きですか？
ア ウステッ レ　　グスタ イール アル　シネ

¿A Uds. les gusta ir al cine? あなた方は映画に行くのが好きですか？
ア ウステデス レス　　グスタ イールアル　シネ

🔘 GUSTAR の仲間の動詞

gustar と同じように、意味上の主語と文法上の主語が異なる動詞が、いくつかあります。代表的な **doler**（痛む）、**interesar**（興味がある）、**molestar**（迷惑だ）の用例を見てみましょう。

Me duele la cabeza.
メ　　ドゥエレ　ラ　　カベサ

私は頭が痛い。← 頭が私に痛い。

Me duelen las muelas.
メ　　ドゥエレン　　ラス　　ムエラス

私は歯が痛む。

Me interesa el arte contemporáneo.
メ　　　インテレサ　エル　アルテ　　　　コンテンポラネオ

私は現代アートに興味がある。
↑現代アートが私に興味深い。

Me interesan las películas francesas.
メ　　　インテレサン　　ラス　　ペリクラス　　　フランセサス

私はフランス映画に興味がある。

Me molesta la música rock.
メ　　モレスタ　　ラ　　ムシカ　　　ロック

私はロック音楽に悩まされる。
↑ロック音楽が私に迷惑だ。

Me molestan los ruidos de las motos.
メ　　　モレスタン　　ロス　ルイードス　デ　ラス　　モトス

私はバイクの騒音に悩まされる。

1　（　　）に正しい語を入れて、文を完成させましょう。

① A mí (　　　　) gusta cantar.　私は歌うことが好きだ。
ア　ミ　　　　　　　グスタ　カンタール

② A (　　　) te gusta jugar al béisbol.　きみは野球をするのが好きだ。
ア　　　　　テ　グスタ　フガール　アル　ベイスボル

③ A ellos (　　　) gusta ver películas.　彼らは映画を見るのが好きだ。
ア　エジョス　　　　グスタ　ベール　ペリクラス

④ A María le (　　) los niños.　マリアは子どもが好きだ。
ア　マリーア　レ　　　　ロス　ニーニョス

⑤ Os (　　　) tomar vino.　きみたちはワインを飲むのが好きだ。
オス　　　　　トマール　ビノ

⑥ Me (　　　) las frutas tropicales.　私はトロピカルフルーツが好きだ。
メ　　　　　　ラス　フルータス　トロピカレス

⑦ A mis padres (　　　) gusta visitar museos.
ア　ミス　パドレス　　　　　グスタ　ビシタール　ムセオス
私の両親は美術館めぐりが好きだ。

2　（　　）に gustar の仲間の動詞を入れましょう。

① Me (　　　) la garganta.　私はのどが痛む。
メ　　　　　ラ　ガルガンタ

② ¿Te (　　　) las sirenas?　きみ、サイレンがうるさい？
テ　　　　　ラス　シレーナス

③ A mis abuelos les (　　　) viajar a Kioto.
ア　ミス　アブエロス　レス　　　　　ビアハール　ア　キオト
祖父母は京都に行くのに関心がある。

④ A María le (　　　) las piernas.　マリアは両足が痛む。
ア　マリーア　レ　　　　ラス　ピエルナス

第26課の単語（P112〜P114） ●

niño　子ども
ニーニョ
arte　美術
アルテ
contemporáneo　現代の
コンテンポラネオ
rock　ロック
ロック

ruido　騒音
ルイード
moto　バイク
モト
fruta　果物
フルータ
tropical　トロピカルな
トロピカル

garganta　のど
ガルガンタ
sirena　サイレン
シレーナ
pierna　脚
ピエルナ

114

Mini-diálogo

Ana : Oye, ¿te gustan las películas de horror?
オジェ　テ　グスタン　ラス　ペリクラス　デ　オロール

Juan : No, no tanto. A mí, me gustan las películas de animación.
ノー　ノ　タント　ア　ミ　メ　グスタン　ラス　ペリクラス　デ　アニマシオン

Ana : Ah, a mí también. ¿Por qué no vamos al cine?
アァ　ア　ミ　タンビエン　ポル　ケ　ノ　バモス　アル　シネ

A las siete empiezan los dibujos animados "Dragon Ball".
ア　ラス　シエテ　エンピエサン　ロス　ディブホス　アニマードス　ドラゴン　ボール

Juan : ¿Verdad? Me encantan los dibujos animados japoneses. ¡Vamos!
ベルダッ　メ　エンカンタン　ロス　ディブホス　アニマードス　ハポネセス　バモス

●日本語訳●

アナ　：ねえ、ホラー映画は好き？
フアン：いや、そんなに好きじゃないよ。
　　　　ぼくはね、アニメ映画が好きなんだ。
アナ　：あら、私もよ。映画に行かない？
　　　　7時に『ドラゴン・ボール』が始まるわ。
フアン：ほんとうに？　日本アニメは大好きだよ。
　　　　行こう！

ひとくちメモ

me encanta と me gusta

encantar は「魅了する、大好きだ」という意味で、gustar の仲間ですが、gustar
エンカンタール　　　　　　　　　　　　　　　　　　　　　　グスタール　　　　　　　　　グスタール
よりもっと「好き」の度合いが強いときに使います。

● Me **encanta** el chocolate.　私はチョコレートが大好きです。
　メ　エンカンタ　エル　チョコラーテ
● Me **encanta** leer mangas.　マンガを読むのが大好きです。
　メ　エンカンタ　レエール　マンガス
● Me **encantan** las novelas policiacas.　推理小説が大好きです。
　メ　エンカンタン　ラス　ノベラス　ポリシアカス
● Me **encantan** los dulces.　甘いものが大好きです。
　メ　エンカンタン　ロス　ドゥルセス

第26課の単語 （P115）

horror 恐怖
オロール
tanto それほどに
タント
animación アニメ
アニマシオン

dibujos animados アニメ
ディブホス　アニマードス
chocolate チョコレート
チョコラーテ
policiaca 刑事ものの
ポリシアカ

Lección 27

DL 27

未来形

未来形の活用形

未来形の活用語尾は**-é／-ás／-á／-emos／-éis／-án** で、規則活用でも不規則活用でも同じです。

規則活用の場合は、〈不定詞 + 未来形の活用語尾〉です。

不規則活用の場合は、活用語尾は同じですが、不定詞の一部が脱落したり、変化したりします。次のように３つのパターンがあります。

	規則活用	不規則活用①	不規則活用②	不規則活用③
不定詞	hablar 話す アブラール	hacer する アセール	tener 持つ テネール	poder できる ポデール
1人称 単数	hablaré アブラレ	haré アレ	tendré テンドレ	podré ポドレ
2人称 単数	hablarás アブララス	harás アラス	tendrás テンドラス	podrás ポドラス
3人称 単数	hablará アブララ	hará アラ	tendrá テンドラ	podrá ポドラ
1人称 複数	hablaremos アブラレモス	haremos アレモス	tendremos テンドレモス	podremos ポドレモス
2人称 複数	hablaréis アブラレイス	haréis アレイス	tendréis テンドレイス	podréis ポドレイス
3人称 複数	hablarán アブララン	harán アラン	tendrán テンドラン	podrán ポドラン

活用語尾です。

不規則活用は**-er／-ir**動詞で、それほど多くありません。上と同じパターンの不規則変化をする代表的な動詞を次にあげます。活用させて覚えましょう。

〈不規則①〉不定詞の語幹最後と語尾の**e**が脱落

hacer → haré
アセール アレ

satisfacer → satisfaré 満足させる
サティスファセール サティスファレ

1人称単数の活用形です。

116

〈不規則②〉 不定詞の **e** ／ **i** が **d** に変化

tener → tendré	**poner → pondré** 置く
テネール テンドレ	ポネール ポンドレ
salir → saldré	**venir → vendré** 来る
サリール サルドレ	ベニール ベンドレ

〈不規則③〉 不定詞の **e** が脱落

	querer → querré 愛する、望む
poder → podré	ケレール ケレ
ポデール ポドレ	**saber → sabré** 知る
	サベール サブレ

未来形の用法

❶ 未来のことを推測したり、未来における話し手の意思を表す

Mi madre no estará en casa mañana.　母は明日、家にいないでしょう。
ミ　マドレ　ノ　エスタラ　エン　カサ　マニャーナ

El próximo domingo iré al cine.　来週の日曜日、私は映画に行くつもりです。
エル　プロクシモ　ドミンゴ　イレ　アル　シネ

＊未来形の代わりに〈**ir a** ＋不定詞〉もよく使われます。

Voy a ir a España la próxima semana.
ボイ　ア　イール　ア　エスパーニャ　ラ　プロクシマ　セマーナ
私は来週、スペインへ行くつもりです。

これについては、「第９課 **IR** 動詞」で学んだので、復習しましょう。

＊未来のことでも、確実に行う場合は現在形を使います。未来のことを現在形
で表現するケースはたくさんあります。

El próximo domingo voy al cine.　来週の日曜日、私は映画に行きます。
エル　プロクシモ　ドミンゴ　ボイ　アル　シネ

Roberto viene a verme mañana.　ロベルトは明日私に会いに来ます。
ロベルト　ビエネ　ア　ベールメ　マニャーナ

❷ 現在の推測を表す

Ella tendrá unos treinta años ahora.　彼女はいま 30 歳くらいだろう。
エジャ　テンドラ　ウノス　トレインタ　アーニョス　アオラ

Hoy no habrá clase.　今日は授業がないだろう。
オイ　ノ　アブラ　クラセ

117

1 （　　　）の中の動詞を未来形にしましょう。

① Mañana (ir) al cine.　私は明日、映画に行くつもりです。
マニャーナ　　　　アル　シネ

② María (tener) unos veinte años ahora.
マリーア　　　　　　　ウノス　　ベインテ　アーニョス　アオラ
マリアはいま 20 歳くらいだろう。

③ No (haber) clase esta tarde.　今日の午後、授業はないだろう。
ノ　　　　　　　クラセ　エスタ　タルデ

④ Ella (regresar) a Japón la próxima semana.
エジャ　　　　　　　　ア　ハポン　ラ　　プロクシマ　　セマーナ
彼女は来週日本に帰る予定だ。

⑤ Mi padre (estar) en la oficina todavía.
ミ　　パドレ　　　　　　エン　ラ　オフィシーナ　　トダビア
父はまだ事務所にいるだろう。

2　下から適当な動詞を選んで、その未来形を（　　　）に入れましょう。

① Te (　　　) hoy por la tarde.　今日の午後、私はきみに電話するつもりだ。
テ　　　　　　　　　オイ　ポル　ラ　タルデ

② ¿Dónde (　　　) mis padres ahora?　両親はいまごろどこにいるのだろう？
ドンデ　　　　　　　　ミス　パドレス　アオラ

③ ¿A qué hora (　　　) Roberto?　ロベルトは何時に着くのだろう？
ア　ケ　オラ　　　　　　　ロベルト

④ ¿Dónde (　　　) esta noche?　私たちは今夜、どこで食事をしようか？
ドンデ　　　　　　　　エスタ　ノチェ

| cenar　夕食をとる | llegar　着く | estar　いる | llamar　〜に電話をかける |
| セナール | ジェガール | エスタール | ジャマール |

● 不規則動詞 saber（知る）の現在形の活用

	単数	複数
1 人称	sé セ	sabemos サベモス
2 人称	sabes サベス	sabéis サベイス
3 人称	sabe サベ	saben サベン

第27課の単語（P118）● ● ● ● ● ● ● ● ● ●

tarde　午後
タルデ
todavía　まだ
トダビア

118

Mini-diálogo

「もし〜なら」と条件を表します。

Juan : ¿Hará buen tiempo mañana?
　　　　アラ　　ブエン　ティエンポ　マニャーナ

Ana : Pues, no sé. Pero quizás sí.
　　　　プエス　ノ　セ　ペロ　キサス　シィ

saber の現在・1 人称・単数形。

Juan : Si hace buen tiempo, iré de excursión con Pablo.
　　　　シ　アセ　ブエン　ティエンポ　イレ　デ　エスクルシオン　コン　パブロ

¿Quieres venir con nosotros?
キエレス　　ベニール　　コン　　ノソトロス

Ana : Es que voy a ir al cine con Elena.
　　　　エス　ケ　ボイ　アイール　アル　シネ　コン　エレーナ

Pero tengo una idea.
ペロ　　テンゴ　　ウナ　イデア

¿Por qué no vamos a cenar todos juntos?
ポル　ケ　ノ　バモス　ア　セナール　トードス　フントス

Juan : Muy bien. Entonces quedamos a las siete
　　　　ムイ　ビエン　エントンセス　　ケダモス　　ア　ラス　シエテ

en la Plaza Mayor.
エン　ラ　プラサ　マジョール

●日本語訳●

フアン：明日はいい天気だろうか？
アナ　：さあね、わからないわ。でも、たぶんいいお天気じゃないの。
フアン：もし天気がよければ、パブロとハイキングに行こう。
　　　　きみもいっしょに来る？
アナ　：いいえ、私はエレーナといっしょに映画に行くの。
　　　　ああ、いい考えがあるわ。
　　　　みんなでいっしょに晩ごはんを食べましょうよ。
フアン：いいね。じゃあ、7 時にマジョール広場で落ち合おうよ。

第27課の単語 （P119）

tiempo 天気
ティエンポ
hacer buen tiempo 天気がよい
アセール　ブエン　ティエンポ
no sé 自分は知らない（← saber）
ノ　セ
excursión ハイキング
エスクルシオン
es que だって、でも
エス　ケ

todo みんな
トード
junto いっしょの
フント
quedar 落ち合う
ケダール
plaza 広場
プラサ

119

比較表現

比較級と最上級

　形容詞や副詞にはその性質や量、程度などを比較する用法があります。比較のしかたによって、**比較級**と**最上級**があります。

　さらに、それを「優等」「同等」「劣等」に分けることができます。

　形容詞 **alto** を例に、比較表現の種類を次の表にまとめました。

	原　級	**alto** アルト　背が高い	
比較級	優等比較級	**más alto que...** マス　アルト　ケ	〜より背が高い
	同等比較級	**tan alto como...** タン　アルト　コモ	〜と同じくらい背が高い
	劣等比較級	**menos alto que...** メノス　アルト　ケ	〜より少なく背が高い （〜より背が低い）
最上級	優等最上級	**el más alto de...** エル　マス　アルト　デ	〜のなかで最も背が高い
	劣等最上級	**el menos alto de...** エル　メノス　アルト　デ	〜のなかで最も少なく背が高い （〜のなかで最も背が低い）

　では、上の表を参考に、さまざまな比較表現を見ていきましょう。

● 原級

José es alto.　ホセは背が高い。
ホセ　エス　アルト

● 優等比較級　**más + 原級 + que**

José es más alto que Elena.　ホセはエレーナより背が高い。
ホセ　エス　マス　アルト　ケ　エレーナ

● 同等比較級　**tan + 原級 + como**

José es tan alto como Elena.　ホセはエレーナと同じくらい背が高い。
ホセ　エス　タン　アルト　コモ　エレーナ

● 劣等比較級　**menos + 原級 + que**

José es menos alto que Elena.
ホセ　エス　　メノス　　アルト　　ケ　　エレーナ
ホセはエレーナより背が
高くない（背が低い）。

● 優等最上級　**定冠詞 + 優等比較級**

José es el más alto de todos.　ホセはみんなのなかで最も背が高い。
ホセ　エス エル　マス　アルト　デ　トードス

● 劣等最上級　**定冠詞 + 劣等比較級**　　que は de になります。

José es el menos alto de todos.
ホセ　エス エル　メノス　　アルト　デ　トードス
ホセはみんなのなかで最も背が高くない
（最も背が低い）。

＊〈形容詞の語尾 + **-ísimo**〉の形で、最上級を表すことがあります。これを
絶対最上級といいます。

　　語尾は、かかる名詞の性・数によって変化します。

Muchísimas gracias.　ほんとうにどうもありがとう。
ムチシマス　　　　グラシアス

Es un libro dificilísimo.　これは非常に難しい本だ。
エス ウン　リブロ　　ディフィシリシモ

不規則な形の比較級

次の形容詞や副詞は、比較級が不規則なので注意しましょう。

男性単数形の名詞の前では語尾の o が脱落します。

形容詞		副　詞		比較級	
bueno ブエノ	よい	**bien** ビエン	よく	**mejor** メホール	よりよい よりよく
malo マロ	悪い	**mal** マル	悪く	**peor** ペオール	より悪い より悪く
mucho ムーチョ	多い	**mucho** ムーチョ	大いに	**más** マス	より多い より多く
poco ポコ	少ない	**poco** ポコ	少なく	**menos** メノス	より少ない より少なく

名詞の男性単数形の前では *gran* になります。

形容詞		比較級	
grande グランデ	大きい	**mayor** マジョール	年上の
		más grande マス　グランデ	より大きい
pequeño ペケーニョ	小さい	**menor** メノール	年下の
		más pequeño マス　ペケーニョ	より小さい

* **grande** と **pequeño** の比較級には、規則的な **más grande** ／ **más pequeño** と不規則な **mayor** ／ **menor** があります。

más grande ／ **más pequeño** は**物の大小**を表すときに、**mayor** ／ **menor** は**年齢の大小**を表すときに多く使われます。

● **bueno** と **malo**（**bien** と **mal**）の用法

形容詞 Para mí eres buen (mal) amigo. 私にとってきみはよい（悪い）友だ
　　　　パラ　ミ　エレス　ブエン　マル　　アミーゴ　　ちだ。

　→ Para mí eres mejor (peor) amigo que Carlos.
　　　パラ　ミ　エレス　メホール　ペオール　アミーゴ　ケ　　カルロス
　　私にとってきみはカルロスよりよい（悪い）友だちだ。

副詞 Hablo español bien (mal). 私はスペイン語が上手（下手）だ。
　　　アブロ　エスパニョール　ビエン　マル

　→ Hablo español mejor (peor) que tú. 私はスペイン語がきみより上
　　　アブロ　エスパニョール　メホール　ペオール　ケ　トゥ　手（下手）だ。

● **mucho** と **poco** の用法

形容詞 Hay muchos (pocos) niños aquí. ここには子どもが大勢いる。
　　　アイ　ムーチョス　　ポコス　ニーニョス　アキ　（ここには子どもが少ししかいない）

　→ Hay más (menos) niños aquí que allí.
　　　アイ　マス　メノス　ニーニョス　アキ　ケ　アジ
　　ここにはあそこより子どもが大勢いる。（ここにはあそこより子どもが少ししかいない）

副詞 Mi hermano come mucho (poco). 弟はたくさん食べる。
　　　ミ　エルマーノ　コメ　ムーチョ　ポコ　（弟は少ししか食べない）

　→ Mi hermano come más (menos) que yo. 弟は私よりたくさん食べる。
　　　ミ　エルマーノ　コメ　マス　メノス　ケ　ジョ　（弟は私より少ししか食べない）

122

● **grande** と **pequeño** の用法

形容詞 Soy grande (pequeño). 私は体が大きい（小さい）。
ソイ　グランデ　　ペケーニョ

→ Soy más grande (más pequeño) que él.
ソイ　マス　グランデ　マス　ペケーニョ　ケ エル

私は彼より体が大きい（小さい）。

→ Soy mayor (menor) que él. 私は彼より年上（年下）だ。
ソイ　マジョール　メノール　ケ エル

tan と tanto

数量の多さを表す **tan** のもとの形は **tanto** です。名詞や動詞と組むときは **tanto**、形容詞や副詞と組むときは **tan** になります。

Tengo tantos libros como tú.
テンゴ　タントス　リブロス　コモ　トゥ

「それほどにたくさんの本」と名詞にかかる。

私はきみと同じくらいたくさんの本を持っている。

Mi madre trabaja tanto como mi padre.
ミ　マドレ　トラバハ　タント　コモ　ミ　パドレ

「それほどたくさん働く」と動詞にかかる。

母は父と同じくらいたくさん働きます。

¡Eres tan guapa como una supermodelo!
エレス　タン　グアパ　コモ　ウナ　スペルモデロ

「それほどに美しい」と形容詞にかかる。

きみってスーパーモデルと同じくらい美人だね。

Supermán corre tan rápido como un tren.
スペルマン　コレ　タン　ラピド　コモ　ウン　トレン

「それほどに速く」と副詞にかかる。

スーパーマンは列車と同じくらい速く走る。

1　下の形容詞や副詞を適当な形にして、（　　）の中に入れましょう。

① Esta manzana es (　　　　　　) que aquélla.
　エスタ　　マンサーナ　エス　　　　　　ケ　　アケジャ
　このりんごはあれよりもおいしい。

② Él come (　　　　) que su hermano menor.　彼は弟より少ししか食べない。
　エル　コメ　　　　　　ケ　ス　　エルマーノ　　メノール

③ Paco corre (　　　　　　) un atleta de los Juegos Olímpicos.
　パコ　　コレ　　　　　　　　ウン　アトレータ　デ　ロス　フエゴス　　オリンピコス
　パコはオリンピック選手と同じくらい速く走る。

④ Ella habla inglés (　　　　　) que su amiga.
　エジャ　アブラ　イングレス　　　　　　ケ　ス　アミーガ
　彼女は友だちよりも上手に英語を話す。

bien　上手に	rico　おいしい	rápido　速く	poco　少なく
ビエン	リコ	ラピド	ポコ

2　次の文を下線のような比較級の文に書き換えましょう。

① Este vino es barato.　このワインは安い。
　エステ　ビノ　エス　バラート

　→ Este vino es _____
　　このワインはあのワインより安い。

② Ella es inteligente.　彼女は賢い。
　エジャ　エス　　インテリヘンテ

　→ Ella es _____
　　彼女はエレーナより賢い。

　→ Ella es _____
　　彼女はエレーナと同じくらい賢い。

第28課の単語 (P123～P124) ●●●●●●●●●●●●●●●●●●●

supermodelo　スーパーモデル
スペルモデロ
correr　走る
コレール
rápido　速く
ラピド

atleta　アスリート
アトレータ
Juegos Olímpicos　オリンピック競技
フエゴス　　オリンピコス

124

Mini-diálogo

Pepe : **Soy tu hermano mayor.**
ソイ トゥ エルマーノ マジョール

Soy más alto que tú y como más que tú.
ソイ マス アルト ケ トゥイ コモ マス ケ トゥ

Rosa : **Sí. Yo soy tu hermana menor.**
シィ ジョ ソイ トゥ エルマーナ メノール

Por eso soy menos alta que tú y como menos que tú.
ポル エソ ソイ メノス アルタ ケ トゥイ コモ メノス ケ トゥ

Pero corro tan rápido como tú.
ペロ コロ タン ラピド コモ トゥ

Pepe : **Sí, también tocas el piano mejor que yo.**
シィ タンビエン トカス エル ピアノ メホール ケ ジョ

Rosa : **¿Y quién es el más alto de nuestra familia?**
イ キエン エス エル マス アルト デ ヌエストラ ファミリア

Pepe : **Por supuesto, papá.**
ポル スプエスト パパ

Rosa : **Exacto.**
エクサクト

●日本語訳●

ペペ：ぼくはきみの兄さん。だから、きみより背が高いし、たくさん食べるよ。

ロサ：そう、私はあなたの妹よ。だから、兄さんより背が高くないし、兄さんよ
り少ししか食べないわ。でも、私は兄さんと同じくらい速く走れるわ。

ペペ：そうだね。それにぼくよりピアノが上手だよ。

ロサ：じゃあ、うちでいちばん背が高いのはだーれだ？

ペペ：もちろん、パパだ。

ロサ：正解。

第28課の単語 （P125）●●●●●●●●●●●●●●●●●●●●●●●●●●●●●●●●●

por eso だから
ポル エソ

tocar 弾く
トカール

tocar el piano ピアノを弾く
トカール エル ピアノ

por supuesto もちろん
ポル スプエスト

papá パパ
パパ

exacto そのとおり
エクサクト

DL 29

「作る」「する」を表す **HACER**

HACER の現在形の活用

hacer は「作る」「する」という意味です。ほかにも、天候を表したり、時間を表す用法があります。重要な動詞なので、しっかり覚えましょう。

	単数	複数
1 人称	**hago** アゴ	**hacemos** アセモス
2 人称	**haces** アセス	**hacéis** アセイス
3 人称	**hace** アセ	**hacen** アセン

HACER のいろいろな用法

❶ 「作る」「する」という意味を表す

材料を表す *de* です。

Mi padre hace muebles de madera.　父は木の家具を作ります。
ミ　　バドレ　アセ　　ムエブレス　デ　　マデラ

Hago mis deberes.　私は宿題をします。
アゴ　　ミス　デベーレス

「宿題」という意味のときは複数形。

Tengo que hacer muchas cosas.　私はやるべきことがいっぱいある。
テンゴ　ケ　アセール　ムーチャス　コサス

❷ 天候を表す（必ず3人称単数形を使う）

¿Qué tiempo hace hoy?　今日はどんな天気ですか？
ケ　ティエンポ　アセ　オイ

Hace buen (mal) tiempo.　いい（悪い）天気です。
アセ　ブエン　マル　ティエンポ

126

Hace sol (viento).　晴れています（風があります）。
アセ　ソル　ビエント

Hace calor (frío).　暑いです（寒いです）。
アセ　カロール　フリーオ

Check

lluvia（雨）と nieve（雪）は、hacer といっしょに使いません。llover（雨が降る）、nevar（雪が降る）という動詞の3人称単数形で、次のように表します。

× ~~Hace lluvia(nieve) mucho hoy.~~
○ Llueve (Nieva) mucho hoy.　今日はたくさん雨（雪）が降ります。
ジュエベ　ニエバ　ムーチョ　オイ

一時的な状態を表す動詞 estar も、天候表現によく使われます。

Está nublado (despejado).　曇って（晴れて）います。
エスタ　ヌブラード　デスペハード

Está lloviendo (nevando).　雨（雪）が降っています。
エスタ　ジョビエンド　ネバンド

❸時を表す HACER

〈**hace** + 時を表す名詞 + **que...**〉で「～してから…になる」という意味になります。

Hace mucho tiempo que vivo aquí.
アセ　ムーチョ　ティエンポ　ケ　ビボ　アキ

私はここに住んでからずいぶん長い（ずいぶん長くここに住んでいる）。

Hace dos meses que trabajas aquí.　きみがここで働いてから2か月になる。
アセ　ドス　メセス　ケ　トラバハス　アキ

〈**desde hace** + 時を表す名詞〉で「～前からずっと」という意味になります。

No la veo desde hace un mes.　1か月前から彼女に会っていません。
ノ　ラ　ベオ　デスデ　アセ　ウン　メス

Aprendo español desde hace dos años.　2年前からスペイン語を習っています。
アプレンド　エスパニョール　デスデ　アセ　ドス　アーニョス

Vivimos en esta casa desde hace cinco años.
ビビモス　エン　エスタ　カサ　デスデ　アセ　シンコ　アーニョス

私たちは5年前からこの家に住んでいます。

練習問題　●解答は P235

1 （　　）に hacer の適当な形を入れましょう。

① Yo （　　　　） los vestidos de mis hijas.　私は娘の洋服を作ります。
　　ジョ　　　　　　ロス　ベスティードス　デ　ミス　イハス

② Me gusta （　　　　） tartas.　私はケーキ作りが好きです。
　　メ　グスタ　　　　　タルタス

③ ¿Qué　　　　　） tú hoy por la mañana?　今日の午前中は、きみは何をするの？
　　ケ　　　　　　　トゥ　オイ　ポル　ラ　マニャーナ

　　　　　　　　　（　　　） la limpieza de la casa.　私は家の掃除をするわ。
　　　　　　　　　　　ラ　リンピエサ　デ　ラ　カサ

④ ¿Qué tiempo （　　　） hoy?　（　　　） sol.
　　ケ　ティエンポ　　　　オイ　　　　　　ソル
　　今日はどんな天気なの？　　　　　　　晴れているわ。

⑤ （　　　） tres meses que su padre vive aquí.
　　　　　　トレス　メセス　ケ　ス　パドレ　ビベ　アキ
　　彼の父親はここに住んで3か月になる。

2　下線の部分をスペイン語にして、文を完成させましょう。

① Vivimos aquí （　　　　　　　　　　）.
　　ビビモス　アキ
　　私たちは2週間前からずっとここに住んでいます。

② Teresa aprende alemán （　　　　　　　　）.
　　テレサ　アプレンデ　アレマン
　　テレサは3年前からずっとドイツ語を習っています。

③ （　　　　　　　　　　） que no llueve.
　　　　　　　　　　　　　ケ　ノ　ジュエベ
　　雨が降らなくなって3週間になる。

第29課の単語 (P126 ～ P128) ●●●●●●●●●●●●●●●●●●●●●●●

mueble　家具
ムエブレ
madera　木
マデラ
cosa　事がら
コサ
sol　晴天
ソル

viento　風
ビエント
vestido　ドレス
ベスティード
limpieza　掃除
リンピエサ
alemán　ドイツ語
アレマン

128

Mini-diálogo

Carlos : **¿Qué tiempo hace hoy?**
ケ　ティエンポ　アセ　オイ

María : **Hace muy buen tiempo.**
アセ　ムイ　ブエン　ティエンポ

Carlos : **Entonces, ¿qué vamos a hacer hoy?**
エントンセス　ケ　バモス　ア　アセール　オイ

María : **¿Por qué no vamos a ver a tus padres?**
ポル　ケ　ノ　バモス　ア　ベール　ア　トゥス　パドレス

Hace un mes que no los vemos.
アセ　ウン　メス　ケ　ノ　ロス　ベモス

Carlos : **Buena idea. Se pondrán muy contentos si los**
ブエナ　イデア　セ　ポンドラン　ムイ　コンテントス　シ　ロス

visitamos con Pepe y Rosa.
ビシタモス　コン　ペペ　イ　ロサ

●日本語訳●

カルロス	：今日はどんな天気かな？
マリア	：いいお天気ですよ。
カルロス	：じゃあ、今日は何をしようかなあ。
マリア	：あなたのご両親のところへ、顔を見せに行きましょう。 もう１か月もご無沙汰していますよ。
カルロス	：それはいいね。ペペやロサといっしょに行けば、親父とおふくろもとても喜ぶだろう。

第29課の単語 （P129）●●●●●●●●●●●●●●●●●●●●●●●●●●

se pondrán ～になる（← ponerse）
セ　ポンドラン

contento 満足な
コンテント

visitar 訪問する
ビシタール

129

再帰動詞

再帰代名詞の形

　動詞の目的語が主語と同一で、自分の行為が自分自身にはね返ってくる場合、「自分自身を」にあたる代名詞を、**再帰代名詞**といいます。再帰代名詞は人称と数によって次のように変化します。

	単数		複数	
1 人称	**me** メ	私自身を	**nos** ノス	私たち自身を
2 人称	**te** テ	きみ自身を	**os** オス	きみたち自身を
3 人称	**se** セ	あなた自身を 彼（彼女）自身を	**se** セ	あなた方自身を 彼ら（彼女ら）自身を

再帰動詞の活用

　主語の行為が主語自身にはね返ってくる場合、〈動詞 + 再帰代名詞〉を**再帰動詞**といいます。不定詞は語尾に **se** をつけて一語になります。

llamar（名づける）**+ se**（自身を）**= llamarse**（～という名前です）
ジャマール　　　　　　　　セ　　　　　　　　ジャマールセ

	単数	複数
1 人称	**me llamo** メ　ジャモ	**nos llamamos** ノス　ジャマモス
2 人称	**te llamas** テ　ジャマス	**os llamáis** オス　ジャマイス
3 人称	**se llama** セ　ジャマ	**se llaman** セ　ジャマン

さまざまな再帰動詞の用法

❶「自分を〜する」「自分に〜する」という再帰用法

llamarse ジャマールセ	Ella se llama Rosa. エジャ セ ジャマ ロサ	彼女はロサという名前だ。 （自分をロサと呼ぶ）
levantarse レバンタールセ	Me levanto a las siete. メ レバント ア ラス シエテ	私は7時に起きる。 （自分を7時に起こす）
lavarse ラバールセ	Roberto se lava la cara. ロベルト セ ラバ ラ カラ	ロベルトは顔を洗います。

❷「互いに〜する」という相互的再帰用法

abrazarse アブラサールセ	Juan y Ana se abrazan. フアン イ アナ セ アブラサン	フアンとアナは互いに抱き合う。
escribirse エスクリビールセ	Nos escribimos cartas. ノス エスクリビモス カルタス	私たちは文通している。

❸ 再帰形でしか使われない再帰動詞

arrepentirse アレペンティールセ	Me arrepiento mucho. メ アレピエント ムーチョ	私は非常に後悔しています。
quejarse ケハールセ	Ella se queja de todo. エジャ セ ケハ デ トード	彼女はあらゆることをぐちる。

quejarse de ... と覚えます。

❹ 意味を強めたり、意味が変わったりする用法

se がつかない場合と、比べてみましょう。

irse 立ち去る イールセ	Ya me voy. ジャ メ ボイ	もう帰ります。
ir 行く イール	Voy al cine. ボイ アル シネ	映画に行く。

comerse たいらげる コメールセ	Él se come toda la paella. エル セ コメ トーダ ラ パエジャ 彼はパエジャをたいらげる。	
comer 食べる コメール	Él come paella. 彼はパエジャを食べる。 エル コメ パエジャ	

練習問題 ●解答は P235

1 次の再帰動詞を現在形で活用させましょう。

① llamarse（～という名前です）
ジャマールセ

_____

② ponerse（着る）
ポネールセ

_____

③ sentarse（座る）
センタールセ

_____

④ sentirse（感じる）
センティールセ

_____

2 （　）の中の再帰動詞を正しい形にしましょう。

① Yo (despertarse) muy temprano.　私は早く目がさめます。
　ジョ　　　　　　　　　　　　ムイ　　テンプラーノ

② Los chicos (sentarse) en el banco del estadio.
　ロス　　チコス　　　　　　　　　エン　エル　バンコ　デル　エスタディオ
　子どもたちはスタジオのベンチに座っている。

③ Ellos (casarse) dentro de poco.　彼らはもうすぐ結婚する。
　エジョス　　　　　　デントロ　デ　ポコ

④ Yo no (sentirse) bien y tengo fiebre.
　ジョ　ノ　　　　　　　　ビエン　イ　テンゴ　フィエブレ
　私は気分が悪くて、熱があるんです。

第30課の単語（P130～P132） ●●●●●●●●●●●●●●●●●●●●●●●●●●●●●●

levantarse　起きる
レバンタールセ
lavarse　（自分の体を）洗う
ラバールセ
abrazarse　抱き合う
アブラサールセ
arrepentirse　後悔する
アレペンティールセ
quejarse de　～のぐちを言う
ケハールセ　デ

despertarse　目をさます
デスペルタールセ
banco　ベンチ
バンコ
estadio　スタジアム
エスタディオ
casarse　結婚する
カサールセ

132

┤Mini-texto├

Rosa tiene nueve años y es alumna de cuarto de primaria.
ロサ　ティエネ　ヌエベ　アーニョス イ エス　アルムナ　デ　クアルト　デ　プリマリア

Se despierta a las seis y se levanta a las seis y media. Se cambia
セ　デスピエルタ　ア ラス セイス イ セ　レバンタ　ア ラス セイス イ メディア　セ　カンビア

de ropa, se limpia los dientes y se lava la cara.
デ　ロパ　セ　リンピア ロス ディエンテスイ セ ラバ ラ カラ

Desayuna a las siete y media, y luego va a la escuela con
デサジュナ　ア ラス シエティ イ メディア イ ルエゴ　バ ア ラ エスクエラ　コン

su hermano Pepe.
ス　エルマーノ　ペペ

La escuela empieza a las ocho y cuarto, y termina a las tres.
ラ　エスクエラ　エンピエサ　ア ラス オチョ イ クアルト　イ　テルミナ　ア ラス トレス

Luego Rosa descansa un poco y juega con su hermano y sus amigas.
ルエゴ　ロサ　デスカンサ　ウン ポコ イ フエガ コン ス　エルマーノ イ スス アミーガス

Cena a las seis y media, y se va a la cama a las nueve.
セナ　ア ラス セイス イ メディア イ セ バ ア ラ　カマ　ア ラス ヌエベ

●日本語訳●

ロサは9歳で小学校4年生です。
6時に目がさめて、6時半に起きます。
着替えをして、歯を磨き、顔を洗います。
7時半に朝食を食べて、兄さんのペペといっしょに学校へ
行きます。
学校は8時15分に始まり、3時に終わります。
それからちょっと休んで、兄さんや友だちと遊びます。
6時半に夕食を食べて、9時に就寝します。

第30課の単語 （P133）●●●●●●●●●●●●●●●●●●●●●●●●●●

cuarto　4年生
　クアルト
primaria　小学校
　プリマリア
cambiarse　着替える
　カンビアールセ
ropa　衣類
　ロパ

limpiarse　（自分を）きれいにする
　リンピアールセ
diente　歯
　ディエンテ
descansar　休む
　デスカンサール

133

命令形

命令や依頼を表す文

命令や依頼を表す動詞の形を**命令形**といいます。この課では、2人称の **tú** と **vosotros** に対する肯定命令の形を学びます。

❶ 規則形の命令形

tú に対する命令には不規則なものがありますが、**vosotros** に対する命令はすべて規則形です。まず規則形から見ていきましょう。

命令形の作り方		-ar 動詞 **hablar** アブラール	-er 動詞 **comer** コメール	-ir 動詞 **vivir** ビビール
tú トゥ	動詞の3人称単数形	**habla** アブラ	**come** コメ	**vive** ビベ
vosotros ボソトロス	動詞の原形の語尾 **r** を **d** に変える	**hablad** アブラッ	**comed** コメッ	**vivid** ビビッ

〈**tú** に対する命令〉

Habla despacio.
アブラ　　　デスパシオ
ゆっくり話してくれ。

Come mucho.
コメ　　　ムーチョ
たくさん食べなさい。

Abre la ventana.
アブレ　ラ　ベンターナ
窓をあけてくれ。

〈**vosotros** に対する命令〉

Hablad despacio.
アブラッ　　　デスパシオ

Comed mucho.
コメッ　　　ムーチョ

Abrid la ventana.
アブリッ　ラ　ベンターナ

❷ 不規則な形の命令形

日常よく使われる **tú** に対する不規則な命令形は次のとおりです。

vosotros に対する命令はすべて規則形です。

不定詞	命令形 tú	命令形 vosotros	tú に対する命令の用例
ser セール	**sé** セ	**sed** セッ	**Sé bueno.** いい子にしてなさい。 セ ブエノ
hacer アセール	**haz** アス	**haced** アセッ	**Hazme un favor.** 1つ頼まれてくれ。 アスメ ウン ファボール
poner ポネール	**pon** ポン	**poned** ポネッ	**Pon la copa ahí** コップをそっちに置きなさい。 ポン ラ コパ アイ
salir サリール	**sal** サル	**salid** サリッ	**Sal por esa puerta.** そのドアから出なさい。 サル ポル エサ プエルタ 動詞と人称代名詞が結合したものです。
tener テネール	**ten** テン	**tened** テネッ	**Ten cuidado.** 気をつけて。 テン クイダード
venir ベニール	**ven** ベン	**venid** ベニッ	**Ven aquí.** ここへ来なさい。 ベン アキ
decir デシール	**di** ディ	**decid** デシッ	**Dime la verdad.** 私にほんとうのことを言え。 ディメ ラ ベルダッ

命令形における人称代名詞の位置とアクセント

❶ 代名詞が 1 つの場合

肯定命令では、目的格の代名詞は動詞の後ろに直結して一語になります。

Tráeme la carta. 私にメニューを持って来てくれ。
トラエメ ラ カルタ

Cántanos una canción. 私たちに歌を歌ってくれ。
カンタノス ウナ カンシオン

　上のように代名詞が命令形と直結する場合、命令形の動詞部分のアクセントが保たれます。そのため、**tráeme** ／ **cántanos** のようにアクセント記号が必要になる場合があります。（P10「アクセントの位置」参照）

135

❷ 代名詞が２つの場合

前ページの例文を「私に<u>それ</u>を持って来てくれ」「私たちに<u>それ</u>を歌ってくれ」と変えると、代名詞が２つになります。

このような場合は、〈間接目的語＋直接目的語〉という順序になります。

したがって、**Tráeme la carta. → Tráemela.**

　　　　　　Cántanos una canción. → Cántanosla. となります。

練習問題　●解答は P235

1　（　　）の動詞を命令形にしましょう。

（例）(abrir, tú) la puerta. → Abre la puerta.　ドアをあけてくれ。
　　　　　　ラ　　プエルタ　　　　　アブレ　ラ　　プエルタ

① (ser, tú) bueno.　いい子にしてなさい。
　　　　　ブエノ

② (tener, vosotros) cuidado.　注意しなさい。
　　　　　　　　　　クイダード

③ (poner, tú) la copa ahí.　コップをそこに置きなさい。
　　　　　　ラ　　コパ　　アイ

2　次の文に下線の人称代名詞を加えましょう。

そして、目的語２つを代名詞にした文にしてください。

（例）Compra estas frutas.　<u>私に</u>これらの果物を買ってくれ。
　　　コンプラ　エスタス　フルータス

　　→ Cómprame estas frutas. → Cómpramelas.
　　　　コンプラメ　　エスタス　フルータス　　コンプラメラス

① Lee el periódico.　<u>私に</u>新聞を読んでくれ。
　レエ　エル　ペリオディコ

　→ _____　→ _____

② Presta el libro.　<u>私に</u>その本を貸してくれ。
　プレスタ　エル　リブロ

　→ _____　→ _____

③ Cantad esta canción.　<u>われわれに</u>この歌を歌ってくれ。
　カンタッ　エスタ　カンシオン

　→ _____　→ _____

136

Mini-texto

Mi querido Pepe :
ミ　　　　ケリード　　　　ペペ

Voy al médico, porque tengo fiebre y me duele la cabeza.
ボイ　アル　メディコ　　ポルケ　　　テンゴ　フィエブレ イ　メ　ドゥエレ ラ　　カベサ

Tienes un bocadillo de jamón en la nevera. Cómetelo.
ティエネス　ウン　ボカディージョ　デ　ハモン　エン ラ　　ネベラ　　　コメテロ

La abuelita quiere hablar contigo y espera tu llamada.
ラ　　アブエリータ　　キエレ　　アブラール　コンティーゴ　イ　エスペラ　トゥ　ジャマーダ

Llámala, por favor.
ジャマラ　　　　ポル　ファボール

abuela の縮小辞。
詳しくは第46課 (P198) で説明します。

Un beso.
ウン　　ベソ

Mamá
ママ

●日本語訳●

ペペへ
熱があって頭が痛いので、医者に行きます。
冷蔵庫にハムサンドがあります。食べなさい。
おばあちゃんがあなたと話したくて、電話を待ってますよ。
電話をしてあげてね。では。

ママより

第31課の単語 (P134 〜 P137)••••••••••••••••••••••••••••

hablar　話す
アブラール
despacio　ゆっくりと
デスパシオ
traer　持って来る
トラエール
canción　歌
カンシオン
cuidado　注意
クイダード
prestar　貸す
プレスタール
querido...　親愛な〜（手紙などの冒頭に）
ケリード
bocadillo　サンドイッチ
ボカディージョ

jamón　ハム
ハモン
nevera　冷蔵庫
ネベラ
abuelita　おばあちゃん（← abuela の縮小辞）
アブエリータ
esperar　待つ
エスペラール
llamada　電話
ジャマーダ
llamar　電話する
ジャマール
beso　口づけ
ベソ
un beso　じゃあね（親しい間柄の手紙などで）
ウン　　ベソ

Lección 32

再帰動詞の命令形

再帰動詞の命令形の作り方

　第 30 課で学んだ **lavarse** のような再帰動詞も、命令形の作り方は前の課で学んだものと同じです。ただし、肯定命令では再帰代名詞が動詞のあとに直結して、一語になります。

　再帰動詞 **lavarse** ／ **levantarse** ／ **ponerse** ／ **irse** の命令形をまとめました。

	lavarse ラバールセ	levantarse レバンタールセ	ponerse ポネールセ	irse イールセ
tú トゥ	**lávate** ラバテ	**levántate** レバンタテ	**ponte** ポンテ	**vete** ベテ
vosotros ボソトロス	**lavaos** ラバオス	**levantaos** レバンタオス	**poneos** ポネオス	**idos** イードス

　動詞と再帰代名詞が直結して一語になるとき、次の 2 点に注意しましょう。

❶ **tú** への命令

　命令形のアクセントの位置がそのまま生きるように、アクセント記号が必要になります。上の表を見ると、**lávate** ／ **levántate** のようにアクセント記号がついていますね。ただし、**ponte** ／ **vete** はそのままでもアクセントの法則によって **pon** ／ **ve** のアクセントが保たれるので、アクセント記号をつける必要はありません。（P10「アクセントの位置」参照）

❷ **vosotros** への命令

　動詞と再帰代名詞が結びつくと、**d** が脱落します。つまり、

　　　lavados　　　→　**lavaos**
　　　levantados　→　**levantaos**
　　　ponedos　　　→　**poneos**　　となります。

　ただし、**irse** の **vosotros** に対する命令 **idos** はただ 1 つの例外で、**d** が脱落しません。

⟨tú に対する命令⟩

Lávate la cara.
ラバテ　　ラ　　カラ

顔を洗いなさい。

Levántate pronto.
レバンタテ　　　　プロント

早く起きなさい。

不定詞は quitarse（脱ぐ）です。

Quítate el abrigo.
キタテ　　エル　アブリーゴ

コートを脱ぎなさい。

不定詞は sentarse（座る）です。

Siéntate aquí.
シエンタテ　　　アキ

ここに座りなさい。

Vete de la clase.
ベテ　デ　ラ　クラセ

教室から出て行け。

⟨vosotros に対する命令⟩

Lavaos la cara.
ラバオス　　ラ　　カラ

Levantaos pronto.
レバンタオス　　　　プロント

Quitaos el abrigo.
キタオス　　エル　アブリーゴ

Sentaos aquí.
センタオス　　　アキ

Idos de la clase.
イードス　デ　ラ　　クラセ

Check ▶ 形容詞に接尾辞 **-mente** をつけると、副詞になります。

- 男女の区別がない形容詞の場合……単数形に **-mente** をつける

  amable（親切な）　　→　**amablemente**（親切に）
  アマブレ　　　　　　　　　　　アマブレメンテ

  fácil（簡単な）　　→　**fácilmente**（簡単に）
  ファシル　　　　　　　　　　ファシルメンテ

- 男性形と女性形がある形容詞の場合……女性単数形に **-mente** をつける

  rápido（速い）　　　→　**rápidamente**（速く）
  ラピド　　　　　　　　　　　ラピダメンテ

  lento（ゆっくりした）→　**lentamente**（ゆっくりと）
  レント　　　　　　　　　　　レンタメンテ

このような副詞には、2つのアクセントがあります。形容詞のアクセント
と **-mente** の "メ" のアクセントです。読むときには注意しましょう。

また、外見を表す形容詞（**negro** ／ **gordo** など）、地名を表す形容詞
　　　　　　　　　　　　　　ネグロ　　　ゴルド

（**inglés** ／ **japonés** ／ **alemán** など）、序数の形容詞などは、**-mente** をつ
　イングレス　　ハポネス　　アレマン

けて副詞にすることはできません。

練習問題 ●解答は P236

1 ( ) の動詞を命令形にしましょう。

(例) (lavarse, tú) la cara. → Lávate la cara. 顔を洗いなさい。
ラ カラ ラバテ ラ カラ

① (sentarse, tú) aquí. ここに座りなさい。
アキ

② (ponerse, tú) el jersey. セーターを着なさい。
エル ヘルセイ

③ (despertarse, vosotros) temprano mañana.
テンプラーノ マニャーナ

明日は早く目をさましなさい。

④ (irse, tú) de la clase. 教室から出て行け。
デ ラ クラセ

(irse, vosotros) de la clase. 教室から出て行け。
デ ラ クラセ

2 下の動詞を [ ] の指示どおりに適切な形にして ( ) に入れましょう。

① ( ) en seguida, o llegarás tarde a la escuela.
エン セギーダ オ ジェガラス タルデ ア ラ エスクエラ

すぐに起きなさい、そうしないと学校に遅れますよ。[tú に対する命令に]

② ( ) el abrigo, porque hace mucho frío.
エル アブリーゴ ポルケ アセ ムーチョ フリーオ

コートを着なさい、とても寒いから。[tú に対する命令に]

③ ( ) los dientes después de la comida.
ロス ディエンテス デスプエス デ ラ コミーダ

食事のあとで歯を磨きなさい。 [vosotros に対する命令に]

lavarse	levantarse	ponerse
ラバールセ	レバンタールセ	ポネールセ

第32課の単語 (P139 〜 P140)●●●●●●●●●●●●●●●●●●●●●●●●●●●●●

abrigo コート
アブリーゴ
gordo 太った
ゴルド
jersey セーター
ヘルセイ
temprano 早く
テンプラーノ

seguida 連続
セギーダ
en seguida すぐに
エン セギーダ
comida 昼食
コミーダ

140

⊣ Mini-diálogo ⊢

Pepe : **Mamá, despiértame mañana a las seis y media.**

Mamá : **¿Tan temprano? ¿Por qué?**

Pepe : **Porque tengo entrenamiento de fútbol desde las siete y media.**

Mamá : **Bien. Entonces, acuéstate pronto esta noche.**

Pepe : **Sí.**

Mamá : **Deja de ver la tele, lávate la cara y los dientes, y vete a la cama.**

Pepe : **Sí. Buenas noches.**

●日本語訳●

ペペ：ママ、明日は6時半に起こしてね。
ママ：そんなに早く？　どうしてなの？
ペペ：7時半からサッカーの練習があるんだ。
ママ：わかったわ。じゃあ、今夜は早く休みなさいね。
ペペ：はい。
ママ：テレビを見るのをやめて、顔と歯をきれいにして
　　　ベッドへ行きなさい。
ペペ：はい。お休みなさい。

第32課の単語（P141）●●●●●●●●●●●●●●●●●●●●●●●●●●●●

entrenamiento　練習

dejar de + 〈不定詞〉　〜するのをやめる

Lección 33

現在分詞

現在分詞の機能と作り方

現在分詞は、動詞と副詞の機能を合わせ持っています。

動詞的機能としては、〈estar + 現在分詞〉で現在進行形を作ります。また、副詞的機能としては、「〜しながら」のように主動詞との同時進行を表します。

	作り方	例	同じ種類の動詞
-ar 動詞	動詞の語幹 + ando	hablar → hablando アブラール　　アブランド	tomar 取る トマール llamar 呼ぶ ジャマール
-er ／-ir 動詞	動詞の語幹 + iendo	comer → comiendo コメール　　コミエンド vivir → viviendo ビビール　　ビビエンド	perder 失う ペルデール volver 帰る ボルベール abrir 開く アブリール escribir 書く エスクリビール
-er ／-ir 動詞の例外（語幹が母音で終わるもの）	動詞の語幹 + yendo	oír → oyendo オイール　　オジェンド ir → yendo イール　　ジェンド	leer 読む レエール huir 逃げる ウイール caer 落ちる カエール

ir には語幹がないと考えましょう。

＊-ir 動詞は語幹の最終母音 e が i に、o が u に変わるものがあります。

sentir → sintiendo センティール　シンティエンド 感じる	pedir → pidiendo ペディール　ピディエンド 頼む	decir → diciendo デシール　　ディシエンド 言う
dormir → durmiendo ドゥルミール　ドゥルミエンド 眠る	morir → muriendo モリール　ムリエンド 死ぬ	

142

現在分詞の用法

❶ 現在進行形〈estar + 現在分詞〉で現在進行していることを強調する

Mi madre está preparando la cena. 母はいま、夕食を準備している。
ミ　マドレ　エスタ　プレパランド　ラ　セナ

Te lo estoy diciendo. そのことをきみにいま、言っているんだ。
テ　ロ　エストイ　ディシエンド

❷ 主動詞と同時進行する行為を示す

Siempre estudio oyendo música. いつも音楽を聞きながら勉強する。
シエンプレ　エストゥディオ　オジェンド　ムシカ

Mi madre cocina cantando. 母は歌を歌いながら料理を作る。
ミ　マドレ　コシーナ　カンタンド

❸ estar の代わりに使われる動詞

ir（行く）／**seguir**（続ける）／**llevar**（日時を過ごす）なども現在分詞と組んで進行形を作ります。

José va mejorando poco a poco. ホセは少しずつ快方に向かっている。
ホセ　バ　メホランド　ポコ　ア　ポコ

Sigue lloviendo. 雨が降り続いている。
シーゲ　ジョビエンド

Llevo viviendo aquí tres años. 私はここに3年間住み続けている。
ジェボ　ビビエンド　アキ　トレス　アーニョス

現在分詞が代名詞をともなう場合

　現在分詞が人称代名詞や再帰代名詞をともなう場合、代名詞を現在分詞の後ろに直結させて一語にするか、あるいは代名詞を動詞の前に出します。

　代名詞をともなう現在分詞では、現在分詞のアクセント位置がそのまま保たれます。そのため、アクセント記号が必要になる場合があります。

Pepe, mamá está llamándote.
ペペ　ママ　エスタ　ジャマンドテ　P10参照。

ぺぺ、ママが呼んでるよ。

Pepe, mamá te está llamando.
ペペ　ママ　テ　エスタ　ジャマンド

1 次の動詞の現在分詞を書きましょう。

① ir（行く）
　イール

② escribir（書く）
　エスクリビール

③ dormir（眠る）
　ドルミール

④ sentirse（感じる）
　センティールセ

⑤ sentarse（座る）
　センタールセ

⑥ levantarse（起きる）
　レバンタールセ

2 （　）の動詞を現在分詞にしましょう。

① Voy (andar) a la escuela.
　ボイ　　　　　ア　ラ　エスクエラ
　私は学校へ歩いて通っています。

② Espero a mi amiga (leer) un libro.
　エスペロ　ア　ミ　アミーガ　　　　ウン　リブロ
　私は本を読みながら友だちを待っている。

③ El ratero corre a toda velocidad (huir) del policía.
　エル　ラテーロ　コレ　ア　トーダ　ベロシダッ　　　　デル　ポリシーア
　スリは警官から逃げながら全速力で走る。

④ Ya lleva (llover) cinco días.
　ジャ　ジェバ　　　　　シンコ　ディアス
　もう5日も雨が降り続いている。

⑤ Elena está (preparar) la comida.
　エレーナ　エスタ　　　　　ラ　コミーダ
　エレーナは食事を用意している。

第33課の単語（P143～P144）●●●●●●●●●●●●●●●●●●●●●●●●●●●●●

poco a poco　少しずつ
ボコ　ア　ボコ
andar　歩く
アンダール
ratero　スリ
ラテーロ

velocidad　速さ
ベロシダッ
a toda velocidad　全速力で
ア　トーダ　ベロシダッ
policía　警官
ポリシーア

144

Mini-diálogo

Pepe : **Mamá, ¿qué estás haciendo?**
マ マ　　　　　　ケ　　　エスタス　　　　アシエンド

Mamá : **Como hoy es el cumpleaños de tu papá, estoy**
コモ　　オイ　エス　エル　クンプレアーニョス　デ トゥ パパ　エストイ

preparando una tarta.
プレパランド　　ウナ　タルタ

Pepe : **Yo tengo un regalo para él.**
ジョ　テンゴ ウン レガーロ パラ エル

Mamá : **Muy bien. ¿Dónde está Rosa?**
ムイ　ビエン　　ドンデ　エスタ　ロサ

Pepe : **Está en su cuarto haciéndole un dibujo a papá.**
エスタ エン ス クアルト　　アシエンドレ　ウン ディブホ ア パパ

Es su regalo para papá.
エス ス レガーロ　パラ　パパ

También va a bailar.
タンビエン　　バ ア バイラール

Mamá : **Perfecto.**
ペルフェクト

●日本語訳●

ペペ：ママ、何をしているの？
ママ：今日はパパの誕生日だから、バースデーケーキを作っ
　　　ているのよ。
ペペ：プレゼントを用意してあるんだよ。
ママ：それはいいわね。ロサはどこなの？
ペペ：自分の部屋で、パパの絵を描いているよ。
　　　パパへのプレゼントなのさ。
　　　それにダンスもするんだって。
ママ：すごいわね。

第33課の単語（P145）●●●●●●●●●●●●●●●●●●●●●●●●●●●●●●●●●●

como　〜なので
コモ
cumpleaños　誕生日（単複同形）
クンプレアーニョス
regalo　プレゼント
レガロ

cuarto　部屋
クアルト
dibujo　スケッチ
ディブホ
perfecto　申し分のない
ペルフェクト

現在完了

行為の完了を表す現在完了

現在完了は〈**haber** + 過去分詞〉で、ある行為が現在すでに完了している状態を表します。「完了過去」という用語を使っている本もありますが、本書では「現在完了」という用語を使います。

❶ haber の活用（現在）

	単数	複数
１人称	he ｴ	hemos ｴﾓｽ
２人称	has ｱｽ	habéis ｱﾍﾞｲｽ
３人称	ha ｱ	han ｱﾝ

「〜がある」という意味の hay の形もありますが、ここでは省略します。

❷ 過去分詞の作り方（規則動詞）

	作り方	例
-ar 動詞	動詞の語幹 + ado	hablar → hablado ｱﾌﾞﾗｰﾙ　　ｱﾌﾞﾗｰﾄﾞ
-er／-ir 動詞	動詞の語幹 + ido	comer → comido ｺﾒｰﾙ　　　ｺﾐｰﾄﾞ vivir → vivido ﾋﾞﾋﾞｰﾙ　　ﾋﾞﾋﾞｰﾄﾞ
-er／-ir 動詞の例外 （語幹が **a／e／o** で終わるもの）	動詞の語幹 + ído アクセントを忘れないようにしましょう。	caer → caído ｶｴｰﾙ　　　ｶｲｰﾄﾞ leer → leído ﾚｴｰﾙ　　　ﾚｲｰﾄﾞ oír → oído ｵｲｰﾙ　　　ｵｲｰﾄﾞ

❸ 不規則な形の過去分詞

次の11の動詞だけです。覚えてしまいましょう。

abrir → abierto	hacer → hecho	cubrir → cubierto
ｱﾌﾞﾘｰﾙ　　ｱﾋﾞｴﾙﾄ	ｱｾｰﾙ　　　ｴﾁｮ	ｸﾌﾞﾘｰﾙ　　ｸﾋﾞｴﾙﾄ
あける	する	覆う

romper → roto ロンペール　ロト 壊す	**morir → muerto** モリール　ムエルト 死ぬ	**poner → puesto** ポネール　プエスト 置く
decir → dicho デシール　ディチョ 言う	**ver → visto** ベール　ビスト 見る	**escribir → escrito** エスクリビール　エスクリート 書く
volver → vuelto ボルベール　ブエルト 帰る	**resolver → resuelto** レソルベール　レスエルト 解決する	

現在完了の用法

❶ **直前の完了**　「～してしまった」という意味で、あるできごとを現在の時点ですでに完了したものとして表します。

Hemos comido ya.　私たちはもう食事をすませました。
エモス　コミード　ジャ

Ya ha salido el autobús.　もうバスが行ってしまった。
ジャ　ア　サリード　エル　アウトブス

❷ **最近のできごと**

Ha muerto el presidente.　大統領が（最近）亡くなった。
ア　ムエルト　エル　プレシデンテ

❸ **まだ過去になっていない期間のできごと（hoy「今日」、esta semana「今週」、este mes「今月」、este año「今年」などといっしょに使う）**

Hemos trabajado mucho hoy.　私たちは今日よく働いた。
エモス　トラバハード　ムーチョ　オイ

Ha llovido poco este año.　今年はほとんど雨が降らなかった。
ア　ジョビード　ポコ　エステ　アーニョ

❹ **経験**　「いままでに～したことがある」という意味で、現在までの経験を表します。

No he estado en México.　私はメキシコに行ったことがない。
ノ　エ　エスタード　エン　メヒコ

He visto una vez a esa señora.　私はその婦人を一度見たことがある。
エ　ビスト　ウナ　ベス　ア　エサ　セニョーラ

147

1　次の動詞の過去分詞を書きましょう。

① escribir（書く）
エスクリビール
＿＿＿＿＿＿＿＿

② poner（置く）
ポネール
＿＿＿＿＿＿＿＿

③ decir（言う）
デシール
＿＿＿＿＿＿＿＿

④ ver（見る）
ベール
＿＿＿＿＿＿＿＿

⑤ romper（壊す）
ロンペール
＿＿＿＿＿＿＿＿

⑥ volver（帰る）
ボルベール
＿＿＿＿＿＿＿＿

2　（　　）の動詞を現在完了にしましょう。

① Esta tarde yo (ver) a Carmen en el mercado.
エスタ　タルデ　ジョ　　　ア　カルメン　エン　エル　メルカード
今日の午後、市場でカルメンに会った。

② Ella nunca (oír) una historia tan triste.
エジャ　ヌンカ　　　　ウナ　イストリア　タン　トリステ
彼女はそんなに悲しい話を聞いたことがない。

③ ¿Ya (ver) tú la película?　きみはもうその映画を見た?
ジャ　　　トゥ　ラ　ペリクラ

　　　No, no la (ver) todavía.　いいえ、まだその映画を見ていない。
ノー　ノ　ラ　　　　トダビア

④ ¿ (leer) Ud. alguna novela de García Márquez?
ウステッ　アルグナ　ノベラ　デ　ガルシア　マルケス
あなたはガルシア・マルケスの小説を読んだことがありますか?

⑤ Desde entonces ya (pasar) tres años.
デスデ　　エントンセス　ジャ　　　トレス　アーニョス
そのときからもう3年もたった。

第34課の単語（P147〜P148）●●●●●●●●●●●●●●●●●●●●●●●●●●●

salir　出発する
サリール
autobús　バス
アウトブス
mercado　市場
メルカード
nunca　一度も〜ない
ヌンカ

historia　物語
イストリア
triste　悲しい
トリステ
alguno　何らかの
アルグーノ
desde entonces　そのときから
デスデ　　エントンセス

Mini-diálogo

María: **Tienes un correo electrónico de Javier.**
ティエネス ウン コレオ エレクトロニコ デ ハビエル
¿Lo has leído ya?
ロ アス レイード ジャ

Carlos: **No, todavía no. Javier estará en París ahora.**
ノー トダビア ノ ハビエル エスタラ エン パリス アオラ

María: **Yo nunca he estado en París.**
ジョ ヌンカ エ エスタード エン パリス
Tú has estado varias veces, ¿no?
トゥ アス エスタード バリアス ベセス ノ

Carlos: **Sí. Pero siempre en viaje de negocios.**
シィ ペロ シエンプレ エン ビアヘ デ ネゴシオス
Por eso nunca he estado en el Museo del Louvre.
ポル エソ ヌンカ エ エスタード エン エル ムセオ デル ルブレ

María: **Entonces vamos allí en las próximas vacaciones.**
エントンセス バモス アジ エン ラス プロクシマス バカシオネス

●日本語訳●

マリア ：ハビエルからEメールがきてるわよ。もう読んだ？
カルロス：いや、まだ読んでいないよ。
彼はいまパリにいるんだろう。
マリア ：私はまだ一度もパリに行ったことがないのよ。
あなたは何度も行ったことがあるでしょう？
カルロス：ああ。だけど、いつも出張だからなあ。
だから、ルーブル美術館にも行ったことがないんだ。
マリア ：じゃあ、今度の休みにパリに行きましょうよ。

第34課の単語 （P149）

correo electrónico　Eメール
コレオ エレクトロニコ
varios　いくつかの
バリオス
vez　回数
ベス
varias veces　何度も
バリアス ベセス

viaje　旅行
ビアヘ
negocios　ビジネス
ネゴシオス
viaje de negocios　出張
ビアヘ デ ネゴシオス
Museo del Louvre　ルーブル美術館
ムセオ デル ルブレ

149

Lección 35

点過去

点過去の活用

　過去のできごとを、すでに終わった事実として述べる場合に使います。「完了過去」とも呼ばれます。

❶ -ar 動詞（hablar）
アブラール

	単数	複数
1人称	hablé アブレ	hablamos アブラモス
2人称	hablaste アブラステ	hablasteis アブラステイス
3人称	habló アブロ	hablaron アブラロン

❷ -er 動詞と -ir 動詞（comer）
コメール

	単数	複数
1人称	comí コミ	comimos コミモス
2人称	comiste コミステ	comisteis コミステイス
3人称	comió コミオ	comieron コミエロン

＊上の規則活用以外に、不規則活用が無限にあります。重要な動詞の点過去の活用を、152ページにまとめました。たいへんですが、1つずつ覚えていきましょう。

点過去の用法

❶ **完全に終了した過去のできごとを瞬間的なできごととして表す**

Anoche llegué a casa a las diez.　昨夜、私は10時に家に着いた。
アノチェ　ジェゲ　ア　カサ　ア　ラス　ディエス
不定詞は *morir*

〈*hace*+ 期間〉で「〜前に」と
いう意味です。

Mi madre murió hace tres años.　母は3年前に亡くなった。
ミ　マドレ　ムリオ　アセ　トレス　アーニョス

不定詞は *haber*

En　1995　hubo un gran terremoto en Kobe.
エン ミル ノベシェントス ノベンタ イ シンコ　ウボ　ウン　グラン　テレモート　エン　コベ

1995年には神戸で大地震があった。

❷ **時間を制限する副詞句がある場合は、できごとが完結したものとして点過去を用いる**

Vi la tele dos horas.　2時間テレビを見た。
ビ　ラ　テレ　ドス　オラス

Charlamos hasta las doce de la noche.
チャルラモス　アスタ　ラス　ドセ　デ　ラ　ノチェ

夜中の12時までおしゃべりしたわ。

Ellos me llamaron tres veces.　彼らは私に3回、電話をかけてきた。
エジョス　メ　ジャマロン　トレス　ベセス

Los señores López vivieron unos diez años en México.
ロス　セニョーレス　ロペス　ビビエロン　ウノス　ディエス アーニョス エン　メヒコ

ロペス夫妻は約10年間メキシコに住んだ。

＊時間を制限する副詞句として、**un rato**（少しの間）／**todo el día**（一日中）／**durante**（〜の間）／**desde ... hasta ...**（〜から〜まで）なども使われます。

＊点過去は、過去のできごとを1つの断面としてとらえるので、動作や行為を次々と羅列していく文が多くあります。

Fui a comprar el periódico. En el camino me encontré con
フイ　ア　コンプラール　エル　ペリオディコ　エン　エル　カミーノ　メ　エンコントレ　コン

Roberto, entramos en una cafetería y charlamos dos horas.
ロベルト　エントラモス　エン　ウナ　カフェテリーア　イ　チャルラモス　ドス　オラス

ぼくは新聞を買いに行った。途中でロベルトと会って、喫茶店に入り、2時間しゃべった。

● 重要な動詞の点過去の活用

estar いる エスタール	ser ～です セール ir 行く イール	dar 与える ダール	dormir 眠る ドルミール	sentir 感じる センティール
	*ser と ir の点過去は同じです。			
estuve エストゥベ	fui フイ	di ディ	dormí ドルミ	sentí センティ
estuviste エストゥビステ	fuiste フイステ	diste ディステ	dormiste ドルミステ	sentiste センティステ
estuvo エストゥボ	fue フエ	dio ディオ	durmió ドゥルミオ	sintió シンティオ
estuvimos エストゥビモス	fuimos フイモス	dimos ディモス	dormimos ドルミモス	sentimos センティモス
estuvisteis エストゥビステイス	fuisteis フイステイス	disteis ディステイス	dormisteis ドルミステイス	sentisteis センティステイス
estuvieron エストゥビエロン	fueron フエロン	dieron ディエロン	durmieron ドゥルミエロン	sintieron シンティエロン

練習問題 ●解答は P236

1 （　　）の動詞を点過去にしましょう。

① Ayer yo (trabajar) doce horas.　私は昨日、12 時間働いた。
アジェール ジョ　　　　　ドセ　オラス

② (Vivir) en Nagoya durante 10 años.
エン　ナゴヤ　　ドゥランテ ディエス アーニョス
私たちは 10 年間名古屋に住んでいた。

③ Ayer nosotros (ir) al museo, (ver) la exposición de Miró y
アジェール　ノソトロス　アル　ムセオ　　　ラ　エスポシシオン　デ　ミロ　イ

(descansar) un rato en una cafetería.
ウン　ラト　エン　ウナ　　カフェテリーア

私たちは昨日、美術館に行って、ミロの美術展を見て、それからカフェテリアでちょっと休んだ。

152

┤ Mini-diálogo ├

Ana : **Tienes la cara pálida. ¿No te sientes bien?**
ティエネス　ラ　カラ　　パリダ　　　ノ　テ　シエンテス　ビエン

Pablo : **Anoche bebí demasiado. Trabajé hasta las ocho y**
アノチェ　　ベビ　デマシアード　　トラバヘ　アスタ　ラス　オチョ　イ

luego salimos de copas con el jefe.
ルエゴ　サリモス　デ　コパス　コン　エル　ヘフェ

Ana : **¿A qué hora volviste?**
ア　ケ　　オラ　　ボルビステ

Pablo : **Volví a casa a la una, y no pude dormir bien.**
ボルビ　ア　カサ　ア　ラ　ウナ　イ　ノ　プデ　　ドルミール　ビエン

●日本語訳●

アナ	：顔色が悪いわ。気分がよくないの？
パブロ	：昨夜、飲みすぎた。8時まで働いて、それから
	ボスといっしょに飲みに行ったんだよ。
アナ	：何時に帰ったの？
パブロ	：1時に家へ帰って、よく眠れなかった。

第35課の単語 （P151 ～ P153）●●●●●●●●●●●●●●●●●●●●●

hubo ある（← haber の点過去）
ウボ
terremoto 地震
テレモート
charlar おしゃべりする
チャルラール
camino 道
カミーノ
entrar 入る
エントラール
exposición 展覧会
エスポシシオン

descansar 休む
デスカンサール
pálido 青ざめた
パリド
anoche 夕べ
アノチェ
demasiado 過度に
デマシアード
jefe ボス
ヘフェ

153

Lección 36

線過去

DL 36

線過去の活用

過去のできごとを、継続的で非完結的なものとして表すときに使います。「不完了過去」とも呼ばれます。活用形は、ほぼすべて規則活用です。

❶ -ar 動詞（hablar）
アブラール

	単数	複数
1人称	hablaba アブラーバ	hablábamos アブラーバモス
2人称	hablabas アブラーバス	hablabais アブラーバイス
3人称	hablaba アブラーバ	hablaban アブラーバン

❷ -er 動詞と -ir 動詞（comer）
コメール

	単数	複数
1人称	comía コミーア	comíamos コミーアモス
2人称	comías コミーアス	comíais コミーアイス
3人称	comía コミーア	comían コミーアン

* **ser** は不規則活用で、次のように活用します。

era   eras   era   éramos   erais   eran

Cuando éramos niños, vivíamos en Madrid.
クアンド　　エラモス　ニーニョス　ビビーアモス　エン　　マドリッ

私たちが子どものころ、マドリードに住んでいました。
　└「〜するとき」という接続詞。

154

線過去の用法

❶ 過去においてくり返し行われた行為や習慣を表す

不定詞は ir です。

Mi madre iba al mercado todas las mañanas.
ミ マドレ イーバ アル メルカード トーダス ラス マニャーナス
母は毎朝、市場へ買い物に行ったものです。

Mi abuelo fumaba y bebía mucho.
ミ アブエロ フマーバ イ ベビーア ムーチョ
祖父はタバコもお酒もたくさん飲んでいました。

❷ 過去の行為や状態を「継続中のできごと」として述べる

Cuando vivía yo en Madrid, estudiaba español.
クアンド ビビーア ジョ エン マドリッ エストゥディアーバ エスパニョール
私はマドリードに住んでいたとき、スペイン語を習っていました。

Leía el periódico cuando me llamaste.
レイーア エル ペリオディコ クアンド メ ジャマステ
きみがぼくに電話したとき、ぼくは新聞を読んでいました。

❸ 情景描写に使う

Anoche estaba nublado y no había estrellas.
アノチェ エスターバ ヌブラード イ ノ アビーア エストレージャス
昨夜は曇っていて、星も出ていなかった。

Era una noche muy oscura. Hacía mucho viento y llovía mucho.
エラ ウナ ノーチェ ムイ オスクーラ アシーア ムーチョ ビエント イ ジョビーア ムーチョ
とても暗い夜でした。風が強くて、雨もたくさん降っていました。

❹ 現在のていねいな表現として使う

¿Qué deseaba Ud., señora? 奥様、何をお望みでいらっしゃいますか？
ケ デセアーバ ウステッ セニョーラ

Quería ver al señor García. ガルシアさんにお目にかかりたいのですが。
ケリーア ベール アル セニョール ガルシア

1 （　　）の動詞を線過去にしましょう。

① María se casó cuando (tener) veinte años.
　　マリーア　セ　カソ　　クアンド　　　　　　ベインテ　アーニョス
マリアは20歳のときに結婚しました。

② De niño (jugar) mucho por aquí.
　　デ　ニーニョ　　　　　ムーチョ　ポル　アキ
子どものころ、私はここでよく遊んだものでした。

③ ¿Qué (desear) Ud., señora?
　　ケ　　　　　ウステッ　セニョーラ
奥様、何をお望みでいらっしゃいますか？

④ (Llover) mucho y (hacer) mucho viento.
　　　　　ムーチョ　イ　　　　　ムーチョ　ビエント
雨がたくさん降っていて、強い風が吹いていました。

⑤ Mi padre (pasear) por el parque todos los días.
　　ミ　パドレ　　　　　ポル　エル　パルケ　　トードス　ロス　ディアス
父は毎日、公園を散歩していました。

第36課の単語 （P155 ～ P156） ●●●●●●●●●●●●●●●●●●●●●●●●●●●

beber　飲酒する
ベベール
nublado　曇った
ヌブラード
estrella　星
エストレージャ

oscuro　暗い
オスクーロ
desear　望む
デセアール
de niño　子どものころ
デ　ニーニョ

156

Mini-diálogo

Juan : **Oye, ¿anoche fuiste a la fiesta?**
オジェ　アノチェ　フイステ ア ラ フィエスタ

Ana : **No, no fui, porque me dolía mucho la cabeza.**
ノー ノ フイ　ポルケ　メ　ドリーア　ムーチョ　ラ　カベサ

Juan : **Ah, por eso. Te busqué pero no estabas.**
アァ　ボル エソ　テ　ブスケ　ペロ　ノ　エスターバス

Ana : **¿Cómo fue la fiesta?**
コモ　フエ ラ フィエスタ

Juan : **Pues mira, había mucha gente, y todos cantábamos**
ブエス　ミラ　アビーア　ムーチャ　ヘンテ イ トードス　カンターバモス
y bailábamos.
イ　バイラーバモス

bueno の絶対最上級です。
（第28課参照）

Y tomamos un vino buenísimo.
イ トマモス　ウン ビノ　ブエニシモ

とくに意味はないのですが、必ず入ります。

Ana : **O sea que lo pasaste muy bien.**
オ セア ケ ロ パサステ　ムイ　ビエン

Juan : **Sí, fenomenal.**
シィ　フェノメナル

●日本語訳●

フアン：ねえ、昨日パーティーに行った？
アナ　：いいえ、行かなかったわ。頭痛がひどかったのよ。
フアン：ああ、それでだね。探したんだけど、きみはいなかったから。
アナ　：パーティーはどうだった？
フアン：そうだなあ、たくさんの人がいて、みんなで歌ったり、踊ったりしたんだ、すごくおいしいワインを飲んだよ。
アナ　：つまり、すごく楽しかったのね。
フアン：ああ、すごくよかったよ。

第36課の単語 （P157）

buscar　探す
gente　人々
o sea　つまり

pasarlo bien　楽しく過ごす
fenomenal　すばらしい

157

Lección 37

点過去と線過去の使い分け

点過去と線過去の違い

❶ 点過去と線過去の根本的な違いは、次の点です。

瞬間的で完結的なできごとを次々と述べる → 点過去

継続的で非完結的な過去のできごとを状態として述べる → 線過去

これを、わかりやすく図に示してみましょう。

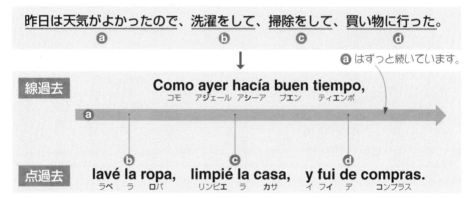

昨日は天気がよかったので、洗濯をして、掃除をして、買い物に行った。
ⓐ　　　　　　ⓑ　　　　ⓒ　　　　　ⓓ

線過去
Como ayer hacía buen tiempo,
コモ　アジェール　アシーア　ブエン　ティエンボ

ⓐ はずっと続いています。

点過去
lavé la ropa,　limpié la casa,　y fui de compras.
ラベ　ラ　ロパ　　リンピエ　ラ　カサ　　イ　フイ　デ　コンプラス

つまり、ⓐが非完結的に継続しているところに、ⓑⓒⓓのような瞬間的で完結的なできごとが次々に起きるということです。ほかの例文を見ましょう。

Elena se casó cuando tenía veinte años.　エレーナは20歳のとき、結婚した。
エレーナ　セ　カソ　クアンド　テニーア　ベインテ　アーニョス

Cuando yo veía la tele, me llamó Carlos.
クアンド　ジョ　ベイーア　ラ　テレ　メ　ジャモ　カルロス
私がテレビを見ていたとき、カルロスから電話があった。

❷ 点過去は過去のできごとを単なる事実として述べます。これに対して、線過去は背景描写や状況説明をします。

saber の点過去です。

Entonces supe la noticia.　そのとき、私はそのニュースを知った。
エントンセス　スペ　ラ　ノティシア　（過去の事実）

Entonces ya sabía la noticia.　そのとき、私はもうそのニュースを知っていた。
エントンセス　ジャ　サビーア　ラ　ノティシア　（過去の状況説明）
saber の線過去です。

158

❸ 文中に「いつからいつまで」「何時間」「何年間」「一日中」などの時間的制限のある副詞句がある場合は、点過去を使います。

En mi niñez viví dos años en Bolivia.
エン ミ ニニェス ビビ ドス アーニョス エン ボリビア
子どものころ、私は2年間ボリビアに住んでいた。（過去の事実）

En mi niñez vivía en Bolivia y viajaba mucho con mis padres.
エン ミ ニニェス ビビーア エン ボリビア イ ビアハーバ ムーチョ コン ミス パドレス
子どものころ、私はボリビアに住んでいて、両親とたくさん旅行をしたものです。（状況説明）

Ayer estuve muy ocupada todo el día.
アジェール エストゥベ ムイ オクパーダ トード エルディア
昨日は一日中、とても忙しかった。（過去の事実）

Ayer estaba muy ocupada y no podía llamarte.
アジェール エスターバ ムイ オクパーダ イ ノ ポディーア ジャマールテ
昨日はとても忙しくて、きみに電話する時間がなかった。（状況説明）

❹ 動詞の性質上、線過去でだけ使われるケースがあります。

● 年齢や時間

Eran las once de la noche y alguien llamó a la puerta.
エラン ラス オンセ デ ラ ノチェ イ アルギエン ジャモ ア ラ プエルタ
夜の11時だったが、だれかが玄関のドアをたたいた。

Nos casamos cuando teníamos veinte años.
ノス カサモス クアンド テニーアモス ベインテ アーニョス
私たちは20歳のころ、結婚しました。

● soler／acostumbrar など「いつも～する」という意味の動詞

Mis abuelos solían levantarse temprano.
ミス アブエロス ソリーアン レバンタールセ テンプラーノ
私の祖父母はいつも早起きでした。

Acostumbrábamos a charlar en una cafetería.
アコストゥンブラーバモス ア チャルラール エン ウナ カフェテリーア
私たちはいつも喫茶店でおしゃべりをしていました。

159

1 （　　）の動詞を点過去か線過去にしましょう。

① Cuando (estudiar), me (llamar) Silvia.
<small>クアンド　　　　　　　　　　　　　　メ　　　　　　　シルビア</small>
私が勉強していたとき、シルビアから電話があった。

② El cielo (estar) nublado y no (haber) estrellas.
<small>エル　シエロ　　　　　　ヌブラード　イ　ノ　　　　　　エストレージャス</small>
空は曇っていて、星はありませんでした。

③ Mi abuelo (fumar) y (beber) mucho.
<small>ミ　アブエロ　　　　　　　イ　　　　　ムーチョ</small>
祖父はタバコも吸っていたし、お酒もたくさん飲んでいました。

④ Cuando yo (volver) a casa, (ser) las once de la noche.
<small>クアンド　ジョ　　　　　　　ア　カサ　　　　　ラス　オンセ　デ　ラ　ノチェ</small>
私が家に帰ったのは夜の 11 時だった。

2 次の対になった文を、意味の違いに注意して日本語にしましょう。

① Anoche nevó unas dos horas.　　　　　原形は *nevar*（雪が降る）です。
<small>アノチェ　　ネボ　　ウナス　ドス　オラス</small>

Anoche nevaba y hacía mucho frío.
<small>アノチェ　　ネバーバ　イ　アシーア　ムーチョ　フリーオ</small>

---

② Cuando éramos niños, vivimos en México tres años.
<small>クアンド　　エラモス　ニーニョス　ビビモス　エン　メヒコ　トレス　アーニョス</small>

Cuando éramos niños, vivíamos en México.
<small>クアンド　　エラモス　ニーニョス　ビビーアモス　エン　メヒコ</small>

第37課の単語 （P158 ～ P159） ●●●●●●●●●●●●●●●●●●●●●●●●●

noticia ニュース
<small>ノティシア</small>
niñez 幼年期
<small>ニニェス</small>
ocupado 忙しい
<small>オクパード</small>
todo el día 一日中
<small>トード エル ディア</small>

llamar a la puerta ドアをノックする
<small>ジャマール ア ラ プエルタ</small>
alguien だれか
<small>アルギエン</small>
soler いつも～する
<small>ソレール</small>
acostumbrar a＋〈不定詞〉 ～する習慣である
<small>アコストゥンブラール ア</small>

160

*線過去と点過去の使い分けに注意して読みましょう。

Mini-texto

Eran las nueve de la noche. Oía música sola en mi cuarto.
エラン　ラス　ヌエベ　デ ラ　ノチェ　オイーア　ムシカ　ソラ　エン　ミ　クアルト

De repente alguien llamó a la puerta. Me asusté un
デ　レペンテ　アルギエン　ジャモ　ア ラ プエルタ　メ　アスステ　ウン

poco, pero fui a abrir. No había nadie, así que iba a
ポコ　ペロ　フイ ア アブリール　ノ　アビーア　ナディエ　アシ　ケ　イーバ ア

cerrar. Entonces vi una llave pequeña a mis pies.
セラール　エントンセス　ビ ウナ　ジャベ　ペケーニャ　ア ミス　ピエス

La cogí, volví al cuarto y la guardé en mi joyero.
ラ　コヒ　ボルビ　アル　クアルト　イ ラ　グアルデ　エン ミ　ホジェーロ

Desde entonces tuve mucha suerte. Sin embargo, un
デスデ　エントンセス　トゥベ　ムーチャ　スエルテ　シン　エンバルゴ　ウン

día me di cuenta de que no estaba la llave. Y con la
ディア　メ　ディ　クエンタ　デ　ケ　ノ　エスターバ ラ ジャベ　イ　コン ラ

llave, desapareció también mi suerte.
ジャベ　　デサパレシオ　　タンビエン　ミ　スエルテ

●日本語訳●

夜の９時だった。私は自分の部屋でひとりで音楽を聞いていた。
突然だれかがドアをたたいた。私はちょっとびっくりしたが、玄関
をあけに行った。だれもいなかったので、閉めようとした。そのと
き、私の足元に小さなかぎを見つけた。かぎを拾って部屋へ戻り、
それを私の宝石箱にしまった。
そのときから幸運が続いた。しかしある日、かぎがないのに気がつ
いた。そして、かぎといっしょに私の幸運も消えてしまった。

第37課の単語 （P160 ～ P161）

cielo　空
シエロ
nevar　雪が降る
ネバール
de repente　突然
デ　レペンテ
asustarse　びっくりする
アススタールセ
nadie　だれも～ない
ナディエ

así que　だから
アシ　ケ
pie　足
ピエ
coger　拾う
コヘール
guardar　保管する
グアルダール
joyero　宝石箱
ホジェーロ

suerte　幸運
スエルテ
darse cuenta de　～に気がつく
ダールセ　クエンタ　デ
desaparecer　姿を消す
デサパレセール

受動態

受動態の形と用法

「本が出版された」「子どもが誘拐された」などのように、主語が動作を受ける文の形を**受動態**(受身)といいます。

次の３つの用法のうち、基本は①の〈**ser** + 過去分詞〉ですが、現代スペイン語では、②と③の形が多く使われます。

❶ ser + 過去分詞

過去分詞は、主語の性と数に一致して語尾が変化します。

"El Quijote" fue escrito por Cervantes.
エル　　キホーテ　　フエ　エスクリート　ポル　　セルバンテス

『ドン・キホーテ』はセルバンテスによって書かれた。

> *por* は「～によって」という意味で、行為者を表します。省略されることもあります。

Estas sillas fueron hechas por mi padre.
エスタス　シジャス　フエロン　エチャス　ポル　ミ　パドレ

これらのいすは父によって作られた。

> 主語の *sillas* に性と数が一致しています。

＊ **ser** の代わりに **estar** を使うと、状態を表す受動態になります。

Esta escuela fue destruida por la guerra.
エスタ　エスクエラ　フエ　デストルイーダ　ポル　ラ　ゲラ

この学校は戦争で破壊された。(ふつうの受動態)

Esta escuela estuvo destruida.
エスタ　エスクエラ　エストゥボ　デストルイーダ

この学校は破壊されていた。(状態を表す受動態)

❷ se + 他動詞の３人称

主語が事物の場合にだけ、使われます。

Se venden muchas flores aquí.　ここでは花がたくさん売られている。
セ　ベンデン　ムーチャス　フローレス　アキ

Se alquilan habitaciones.　貸間あり。← 部屋が貸される。
セ　アルキーラン　アビタシオネス

Se ha publicado su primera novela esta semana.
セ ア プブリカード ス プリメーラ ノベラ エスタ セマーナ
彼の処女作は今週出版された。

Este texto se usaba en el colegio.
エステ テクスト セ ウサーバ エン エル コレヒオ
この学校ではこの教科書が使われていた。

❸ ３人称複数を使った受身的な表現「〜された」

まず、例文をみましょう。

意味上の主語です。

Me robaron la cartera en el metro. 私は地下鉄で財布をすられた。
メ ロバロン ラ カルテーラ エン エル メトロ

Lo despidieron de la empresa. 彼は会社で解雇された。
ロ デスピディエロン デ ラ エンプレサ

La operaron de un cáncer de mama. 彼女は乳ガンで手術を受けた。
ラ オペラロン デ ウン カンセル デ ママ

例文をみるとわかるように、動詞は必ず３人称複数形で、文法上の主語は表面には現れません。**me** ／ **te** ／ **lo** ／ **la** などの目的格人称代名詞が、日本語に訳す場合の意味上の主語になり、「(私は・きみは・彼は・彼女は) 〜された」という意味になります。したがって、意味上の主語は必ず人です。日常生活では非常に多く使われる表現なので、覚えておきましょう。

Check 〈**hace +** 時を表す名詞〉で、「〜前に」という意味になります。過去形の動詞と組み合わせて、次のように使います。

Mi padre murió hace cinco meses.
ミ パドレ ムリオ アセ シンコ メセス
父は５か月前に死んだ。

Esta casa fue edificada hace un año.
エスタ カサ フエ エディフィカーダ アセ ウン アーニョ
この家は１年前に建てられた。

Hace tres días la vi en el tren.
アセ トレス ディアス ラ ビ エン エル トレン
３日前に彼女を電車で見かけた。

1　（　　）の動詞を正しい形にしましょう。

① Una niña de cinco años fue (secuestrar).
ウナ　ニーニャ　デ　シンコ　アーニョス　フエ
ある5歳の女の子が誘拐された。

② Este libro fue (publicar) en el siglo XVII.
エステ　リブロ　フエ　　　　　　エン　エル　シグロ　デシモセプティモ
この本は17世紀に出版された。

③ La puerta estaba (abrir).　ドアはあいていた。
ラ　プエルタ　エスターバ

④ Lo (operar) de un cáncer de pulmón.　彼は肺ガンで手術を受けた。
ロ　　　　　　デ　ウン　カンセル　デ　プルモン

2　日本語にしましょう。

① Los soldados fueron heridos.
ロス　ソルダードス　フエロン　エリードス

_____

Los soldados estaban heridos.
ロス　ソルダードス　エスターバン　エリードス

_____

② Se alquilan apartamentos.
セ　アルキーラン　アパルタメントス

_____

③ Me invitaron a la fiesta de cumpleaños.
メ　インビタロン　ア　ラ　フィエスタ　デ　クンプレアーニョス

_____

第38課の単語 （P162 ～ P164）●●●●●●●●●●●●●●●●●●●●●●●

destruir　破壊する
デストゥルイール
vender　売る
ベンデール
alquilar　賃貸する
アルキラール
habitación　部屋
アビタシオン
publicar　出版する
プブリカール
colegio　小中学校
コレヒオ
robar　盗む
ロバール

cartera　財布
カルテーラ
despedir　解雇する
デスペディール
empresa　会社
エンプレサ
operar　手術する
オペラール
cáncer de mama　乳ガン
カンセル　デ　ママ
morir　死ぬ
モリール

edificar　建造する
エディフィカール
secuestrar　誘拐(ゆうかい)する
セクエストラール
pulmón　肺
プルモン
soldado　兵士
ソルダード
herir　負傷する
エリール
invitar　招待する
インビタール

Mini-diálogo

Ana : **Mira, Juan. Aquí se venden muchísimos libros.**
ミラ　フアン　アキ　セ　ベンデン　ムチシモス　リブロス

Hay de todo. ← 「何でもある」という慣用表現。
アイ　デ　トード

Juan : **¿Qué sección quieres ver primero?**
ケ　セクシオン　キエレス　ベール　プリメーロ

Ana : **Últimamente me interesan los libros para niños.**
ウルティマメンテ　メ　インテレサン　ロス　リブロス　パラ　ニーニョス

¿Sabes la serie de Manolito Gafotas?
サベス　ラ　セリエ　デ　マノリート　ガフォータス

Juan : **Claro. Fue escrita por Elvira Lindo.**
クラーロ　フエ　エスクリータ　ポル　エルビラ　リンド ── 主語は *la serie* です。

Ana : **Me faltan dos libros de la serie y quiero comprarlos.**
メ　ファルタン　ドス　リブロス　デ　ラ　セリエ　イ　キエロ　コンプラールロス

Juan : **Vale. ¡Huy! Aquí hay mucha gente. Ten cuidado.**
バレ　ウィ　アキ　アイ　ムーチャ　ヘンテ　テン　クイダード

Igual te roban.
イグアル　テ　ロバン

●日本語訳●

アナ　：見てよ、フアン。ここはすごくたくさんの本を売ってるわ。
　　　何でもあるわよ。
フアン：最初にどのセクションを見たい？
アナ　：最近は子どもの本に興味があるの。
　　　マノリート・ガフォタのシリーズを知ってる？
フアン：もちろんさ。エルビラ・リンドが書いた本だろ。
アナ　：そのシリーズの本が2冊足りないので、買いたいの。
フアン：わかった。ひゃー、ここはすごい人だ。注意しなよ。
　　　たぶん、スリにあうから。

第38課の単語（P165）

últimamente　近ごろ
ウルティマメンテ
interesar　～に興味を抱かせる
インテレサール
serie　シリーズ
セリエ

cuidado　注意
クイダード
igual　（文頭で）たぶん
イグアル

Lección **39**

従属節を導く接続詞

接続詞の種類

接続詞は名詞と名詞、形容詞と形容詞、動詞と動詞、文と文などをつなぎます。両者を対等の関係でつなぐ**等位接続詞**と、従属関係でつなぐ**従位接続詞**があります。

❶ 等位接続詞

これまでに学んだ **y** や **pero** などの接続詞は、単語と単語、文と文を対等に結びます。これらの接続詞は、等位接続詞と呼ばれます。

〈単語と単語〉 Juan y Carmen fueron al parque.
フアン　イ　　カルメン　　フエロン　アル　　パルケ
フアンとカルメンは公園へ行った。

〈文と文〉 Yo toco el piano y él toca el violín.
ジョ　トコ　エル　ピアノ　イ　エル　トカ　エル　ビオリン
私はピアノを弾き、彼はバイオリンを弾く。

❷ 従位接続詞

従属節を導く接続詞を、従位接続詞といいます。節とは、〈主語 + 動詞〉がある文の1単位のことです。

従属節とは、1つの節が文の中で主語、目的語、補語、または副詞としての役目を果たしているものです。この課では名詞節を導く接続詞と、副詞節を導く接続詞を学びます。

名詞節を導く接続詞

次の例を見てください。

Creo [que ella está en casa]. 私は [彼女は家にいると] 思います。
クレオ　　ケ　エジャ　エスタ　エン　カサ

No sé [si ella viene a la fiesta]. 私は[彼女がパーティーに来るかどうか]
ノ　セ　　シ　エジャ　ビエネ　ア　ラ　フィエスタ　　知りません。
si が名詞節を導いている場合は、「〜かどうか」と訳します。

166

[　]の部分が従属節です。そして、同時に **creo** や **sé** の目的語（名詞節）になっています。つまり、**que** や **si** は名詞節を導く接続詞です。

副詞節を導く接続詞

副詞節を導く接続詞はたくさんあります。ここでは、最もよく使われるものを覚えましょう。

理由（〜なので）	**porque** ポルケ	**como** コモ	仮定（もし〜なら）	**si** シ
時（〜のとき）	**cuando** クアンド		逆接（〜とはいえ）	**aunque** アウンケ

Me voy porque ya es muy tarde.　もう遅いので、私は帰ります。（理由）
メ　ボイ　ポルケ　ジャ エス　ムイ　タルデ

Como tengo mucha sed, bebo mucha agua.
コモ　テンゴ　ムーチャ　セッ　ベボ　ムーチャ　アグア
私はのどがカラカラなので、水をたくさん飲む。（理由）

Cuando estoy cansado, voy a la cama temprano.
クアンド　エストイ　カンサード　ボイ ア ラ　カマ　テンプラーノ
私は疲れたとき、早く寝に行きます。（時）

Vamos al cine, si quieres.　もしきみがよければ、映画に行こう。（仮定）
バモス　アル　シネ　シ　キエレス　└─ si quieres は「よかったら〜しない？」という表現でとてもよく使われます。

Aunque estoy resfriado, tengo que trabajar.
アウンケ　エストイ　レスフリアード　テンゴ　ケ　トラバハール
私はかぜをひいていますが、それでも働かなくてはなりません。（逆接）

Check ▶ 2語以上からなる接続詞も、**por eso**（だから）など、たくさんあります。

Hacía buen tiempo, por eso salimos a pasear.
アシーア　ブエン　ティエンポ　ポル　エソ　サリモス　ア　パセアール
天気がよかったので、散歩に出ました。

para que（〜するために）、**antes de que**（〜する前に）などは、第51課
パラ　ケ　　　　　　　　　　　　　アンテス　デ　ケ
で学びます。

練習問題 ●解答は P236

1 下から適切な接続詞を選んで、（　　）に入れましょう。
si は名詞節の場合と、副詞節の場合で２回使います。

① Creo (　　　　) mi madre regresa a casa dentro de media hora.
<small>クレオ　　　　　　　ミ　　マドレ　　レグレサ　　ア　カサ　　デントロ　　デ　メディア　　オラ</small>
母は 30 分後に戻ると、私は思います。
「～後に」という意味です。

② No sé (　　　　) María viene hoy.
<small>ノ　セ　　　　　　　マリーア　　ビエネ　　オイ</small>
今日マリアが来るかどうか、私はわかりません。

③ (　　　　) estoy libre, me divierto tocando el piano.
<small>エストイ　リブレ　メ　ディビエルト　トカンド　エル　ピアノ</small>
私は暇なとき、ピアノを弾いて楽しみます。

④ Llámame (　　　　) tienes tiempo mañana.
<small>ジャマメ　　　　　　ティエネス　ティエンポ　マニャーナ</small>
明日もし時間があったら、電話をくださいね。

⑤ (　　　　) él es joven, sabe de todo.
<small>エル　エス　ホベン　　サベ　　デ　トード</small>
彼は若いのに、何でも知っている。

⑥ No quiero salir hoy (　　　　) me siento mal.
<small>ノ　　キエロ　サリール　オイ　　　　　　メ　　シエント　　マル</small>
今日は外出したくないんです、気分が悪いので。

⑦ (　　　　) no tengo mucho dinero ahora, no puedo comprar esta blusa.
<small>ノ　テンゴ　ムーチョ　ディネロ　アオラ　ノ　プエド　コンプラール　エスタ　ブルーサ</small>
いまはあまりお金を持っていないので、このブラウスを買えないわ。

como	porque	cuando	que	si	aunque
コモ	ポルケ	クアンド	ケ	シ	アウンケ

第39課の単語 （P166 ～ P168）•••••••••••••••••••••••••••

creer　～だと思う
<small>クレエール</small>
sed　（のどの）渇き
<small>セッ</small>
ir a la cama　寝に行く
<small>イール ア ラ カマ</small>
resfriado　かぜをひいた（← resfriar）
<small>レスフリアード</small>

regresar　帰る
<small>レグレサール</small>
dentro de　～後に
<small>デントロ デ</small>
libre　自由な
<small>リブレ</small>
divertirse　楽しむ
<small>ディベルティールセ</small>

168

Mini-diálogo

porque と同じく、「〜なので」と理由を表します。

Juan : **Oye, vamos al cine, si quieres.**
オジェ　バモス　アル　シネ　シ　キエレス

Ana : **Es que no me apetece mucho. No me siento bien.**
エス　ケ　ノ　メ　アペテセ　ムーチョ　ノ　メ　シエント　ビエン

Juan : **¿Qué te pasa? ¿Tienes fiebre?** 「どうしたの？」という
ケ　テ　パサ　ティエネス　フィエブレ　慣用表現。

Ana : **No sé si tengo fiebre. Pero me duele la cabeza.**
ノ　セ　シ　テンゴ　フィエブレ　ペロ　メ　ドゥエレ　ラ　カベサ

Juan : **De todos modos, si estás mal, regresa a casa y descansa.**
デ　トードス　モードス　シ　エスタス　マル　レグレサ　ア　カサ　イ　デスカンサ

¿Te acompaño?
テ　アコンパーニョ

Ana : **Sí, gracias.**
シィ　グラシアス

●日本語訳●

フアン ：ねえ、よかったら映画に行かないか？
アナ 　：じつは、あまり気のりがしないの。気分が
　　　　よくないのよ。
フアン ：どうしたんだい？　熱でもあるの？
アナ 　：さあ、熱があるかどうかわからないわ。で
　　　　も、頭痛がするの。
フアン ：ともかく具合が悪いんだったら、家に帰っ
　　　　て休みなよ。ついて行こうか？
アナ 　：ええ、ありがとう。

第39課の単語 （P169）

apetecer　（食欲や気持ちを）そそる
アペテセール
de todos modos　ともかく
デ　トードス　モードス

descansar　休む
デスカンサール
acompañar　〜といっしょに行く
アコンパニャール

無人称表現

主語を特定しない無人称文

　主語を特定せずに、「人は～する」という文を、**無人称文**といいます。無人称文は主語がだれかわからない場合や、主語を特定したくない場合に使われます。次の２つの形があります。

❶ ３人称複数形

　「だれとはいえないけれど、ある人が」というニュアンスが あるときに使います。

　実際の動作の主体が単数でも、３人称複数形で表します。

Llaman a la puerta. 　だれかがドアをたたいている（だれか来ている）。
ジャマン　ア　ラ　　プエルタ

Dicen que va a llover mañana. 　明日は雨が降るそうだ。
ディセン　　ケ　　バ　ア ジョベール　　マニャーナ

❷ se ＋ ３人称単数の動詞

　「人はだれでも～だ」というニュアンスがあります。ある場所の状況を説明するときにも使われます。

Se dice que Paco es muy rico.
セ　ディセ　　ケ　　　パコ　エス　ムイ　　リコ

パコはとても金持ちだということだ（人はだれでもパコは金持ちだと言う）。

Se come bien en este restaurante.
セ　　コメ　　ビエン エン エステ　　　レスタウランテ

このレストランはおいしい（人はだれでもこのレストランでおいしく食べる）。

文中の主語を一般化する無人称文

　uno ／ **tú** など、主語が文に現れていても、「特定の人」をさすのではなく、一般化する無人称表現があります。

❶ uno

話し手の意見ですが、そのことを話し手も含めた一般のこととして述べます。

Uno trabaja mucho en Japón. 日本では、人は総じてよく働く。
ウノ　トラバハ　ムーチョ　エン　ハポン
　　　　　　　　　　　　　　　　無人称表現の uno は省略できません。

En este país uno canta y baila mucho.
エン エステ パイース ウノ　カンタ イ バイラ　ムーチョ

この国では人は皆よく歌い、踊る。

❷ tú

話し手と対話者の意見ですが、それをもっと一般化して述べます。ぐちを言うときなど、否定的な文でよく使われます。
　　　　　　　無人称表現の tú は省略されることがあります。

Cuando tú trabajas demasiado, no puedes dormir bien.
クアンド　トゥ　トラバハス　デマシアード　ノ　プエデス　ドルミール ビエン

人は働きすぎると、よく眠れないものだ。

Si tú tienes hambre, te pones de mal humor.
シ トゥ ティエネス　アンブレ　テ ポネス デ マル　ウモール

人は空腹だと、機嫌が悪くなるものだ。

Check　スペイン語にも「あっ、○○しちゃった！」という文があります。まず、例文をみましょう。
　　　　　　　　　　コップを割ったのは「私」です。
Se me ha roto el vaso.
セ メ ア ロト エル バソ
（私に対して）コップが割れちゃった。

Se te ha quemado el pastel.
セ テ ア ケマード エル パステル
ケーキをこがしたのは「あなた」です。
（あなたに対して）ケーキがこげちゃった。

例文の中の **se** はいずれも、**romper** ／ **quemar** などの他動詞を自動詞に
　　　　　　　　　　　　　　ロンペール　　ケマール
変える働きをしています。つまり、「コップが割れた」「ケーキがこげた」ということです。

これに **me** ／ **te** などの間接目的格代名詞が加わると「コップが割れた」「ケ
　　　　メ　　　テ
ーキがこげた」という事実と **me** ／ **te** との間に関係が生じ、「心ならずも何
　　　　　　　　メ　　テ
かが起きてしまった」というニュアンスが生じます。「あっ、財布を忘れちゃった」「あっ、コーヒーがこぼれちゃった」などと思わず言ってしまうことがよくありますね。そういうときに便利な表現です。

1 日本語にしましょう。

「近いうちに」という意味です。

① Dicen que ellos van a casarse <u>dentro de poco</u>.
ディセン　ケ　エジョス　バン　ア　カサールセ　デントロ　デ　ポコ

_____

② Se tarda unas tres horas de Tokio a Osaka.
セ　タルダ　ウナス　トレス　オラス　デ　トキオ　ア　オサカ

_____

③ Uno es feliz si goza de buena salud.
ウノ　エス　フェリス　シ　ゴサ　デ　ブエナ　サルッ

_____

④ Cuando tienes un hijo, entiendes mejor a tus padres.
クアンド　ティエネス　ウン　イホ　エンティエンデス　メホール　ア　トゥス　パドレス

_____

⑤ Se me olvidó llamarte y decirte lo de la reunión.
セ　メ　オルビド　ジャマールテ　イ　デシールテ　ロ　デ　ラ　レウニオン

_____

2 指示にしたがってスペイン語にしましょう。

① 私の家から事務所まで1時間かかります。(se + 3人称単数)

_____

② きみのお母さんは料理が上手だそうだね。(3人称複数)

_____

③ 私はステーキをこがしちゃった。

★ステーキをこがす…… quemar el bistec

第40課の単語 (P171 ～ P172)●●●●●●●●●●●●●●●●●●●●●●●●●●●●●●●●●●

humor　機嫌
ウモール
ponerse de mal humor　機嫌が悪くなる
ポネールセ　デ　マル　ウモール
roto　割れた（← romper）
ロト
quemar　こがす
ケマール
pastel　ケーキ
パステル

tardar　時間がかかる
タルダール
feliz　幸運な
フェリス
gozar de　～を享受する
ゴサール　デ
salud　健康
サルッ

Mini-diálogo

lo は前の文の、「おじいさんは百万長者だ」という
内容を受けています。

Pablo : **Se dice que tu abuelo es millonario, ¿es verdad?**
セ ディセ ケ トゥ アブエロ エス ミジョナリオ エス ベルダッ

Ana : **No, no lo es. Pero tiene la patente de un medicamento.**
ノー ノ ロ エス ペロ ティエネ ラ パテンテ デ ウン メディカメント

Cuando uno tiene alguna patente, la gente cree que es rico.
クアンド ウノ ティエネ アルグナ パテンテ ラ ヘンテ クレエ ケ エス リコ

Pablo : **A propósito, ¿vienes a la fiesta de mi**
ア プロポシト ビエネス ア ラ フィエスタ デ ミ

cumpleaños mañana?
クンプレアーニョス マニャーナ

Ana : **Sí. Con mucho gusto.**
シィ コン ムーチョ グスト

Pablo : **¡Ah!, se me ha olvidado invitar a Javier.**
アァ セ メ ア オルビダード インビタール ア ハビエル

Voy a llamarlo ahora mismo.
ボイ ア ジャマールロ アオラ ミスモ

●日本語訳●

パブロ：きみのおじいさんは百万長者だとみんな言ってるけ
ど、ほんとうなの？

アナ ：いいえ、そうじゃないわ。祖父はある薬の特許を持
っているの。世間じゃ、もし人が何か薬の特許を持
っていれば、お金持ちだと思うものなの。

パブロ：ところで、明日のぼくの誕生日パーティーに来る？

アナ ：ええ、喜んで。

パブロ：あっ、ハビエルを呼ぶのを忘れてた。すぐに電話し
よう。

第40課の単語 (P173) ••••••••••••••••••••••••••••••

millonario 百万長者
ミジョナリオ
patente パテント（特許）
パテンテ

medicamento 薬
メディカメント
a propósito ところで
ア プロポシト

肯定と否定の不定語

不定語の意味と種類

alguien(だれか)と**nadie**(だれも)、**algo**(何か)と**nada**(何も) などの
ように、人や物を特定しない語を**不定語**といいます。不定語には代名詞や形容
詞、さらに副詞もあります。この課では、上にあげたような対になっている不
定語を学びましょう。

❶ algo と nada

不定代名詞で、英語の **something** と **nothing** にあたります。

¿Hay algo de nuevo?　何か変わったことはありませんか？
　アイ　アルゴ　デ　ヌエボ

No, no hay nada de nuevo.
　ノー　ノ　アイ　ナダ　デ　ヌエボ
いいえ、何も変わったことはありません。

¿Quieres comer algo?　何か食べたいですか？
　キエレス　　コメール　アルゴ

No, no quiero comer nada.　いいえ、何も食べたくありません。
　ノー　ノ　キエロ　　コメール　　ナダ

❷ alguien と nadie

不定代名詞で、英語の **someone** と **nobody** にあたります。

Ha llamado alguien a la puerta.　だれか訪ねてきました。
　ア　ジャマード　　アルギエン　ア　ラ　プエルタ

No ha llamado nadie.
　ノ　ア　ジャマード　　ナディエ

Nadie ha llamado.　　いいえ、だれも来ていません。
ナディエ　ア　ジャマード

nadie が動詞の前にくる場合は、
no はいりません。

❸ **alguno** と **ninguno**

● 不定代名詞としての用法

    alguno は「何人か、いくつか」という意味で、**ninguno** はその否定形です。**alguno(s) de …**（〜のなかのだれか）や、**ninguno(s) de …**（〜のなかのだれも）としてよく使われます。

¿Fueron a la fiesta algunos de Uds.?
フエロン　ア　ラ　フィエスタ　アルグーノス　デ　ウステデス

あなた方のうちのだれかそのパーティーに行きましたか？

  No, no fue a la fiesta ninguno de nosotros.
ノー　ノ　フエ　ア　ラ　フィエスタ　ニングーノ　デ　ノソトロス

  No, ninguno de nosotros fue a la fiesta.
ノー　ニングーノ　デ　ノソトロス　フエ　ア　ラ　フィエスタ

いいえ、私たちのなかのだれもそのパーティーに行きませんでした。

esas chicas に性が一致します。

¿Conoces a alguna de esas chicas?
コノセス　ア　アルグーナ　デ　エサス　チカス

あの女の子たちのなかのだれかを知っていますか？

  No, no conozco a ninguna de ellas.
ノー　ノ　コノスコ　ア　ニングーナ　デ　エジャス

いいえ、彼女たちのなかのだれも私は知りません。

● 不定形容詞としての用法

    alguno は「何人かの、いくつかの」という意味で、**ninguno** はその否定形です。形容詞なので、修飾する名詞の性と数によって語尾が変化します。

¿Puede prestarme algunos libros?
プエデ　プレスタールメ　アルグーノス　リブロス

本を何冊か貸してもらえますか？

性と数が一致しています。

No hay ninguna noticia de ella.
ノ　アイ　ニングーナ　ノティシア　デ　エジャ

彼女の消息は何もない。

＊ **alguno** ／ **ninguno** は、男性単数名詞の前で **algún** ／ **ningún** になります。

¿Tienes algún amigo español?
ティエネス　アルグン　アミーゴ　エスパニョール

男性単数名詞

だれかスペイン人の友人はいますか？

  No, no tengo ningún amigo español.
ノー　ノ　テンゴ　ニングン　アミーゴ　エスパニョール

いいえ、スペイン人の友人はだれもいません。

175

●解答は P237

1 （　　　）に適当な不定語を入れましょう。

① ¿Tienes (　　　　　　) amiga mexicana?
ティエネス　　　　　　　アミーガ　　メヒカーナ
だれかメキシコ人のガールフレンドはいるの？

　　　No, no tengo (　　　　　　　) amiga mexicana.
　　　ノー　ノ　テンゴ　　　　　　　　　アミーガ　　メヒカーナ
　　　いいえ、メキシコ人のガールフレンドはだれもいないよ。

② ¿Quieres comprar (　　　　　　) libro?　きみは何か本を買いたいかい？
キエレス　　コンプラール　　　　　　　リブロ

　　　No, no quiero comprar (　　　　　　) libro.　いいや、ぼくはどんな
　　　ノー　ノ　キエロ　　コンプラール　　　　　　リブロ　　　本も買いたくないよ。

③ ¿Ha venido (　　　　)?　だれか来ましたか？
ア　　ベニード

　　　No, no ha venido (　　　　　). いいえ、だれも来ていません。
　　　ノー　ノ　ア　ベニード

④ ¿Te ha dicho (　　　　) Juan?　フアンはきみに何かを言ったの？
テ　ア　ディチョ　　　　　　フアン

　　　No, no me ha dicho (　　　　　). いいや、彼はぼくに何も言わなかったよ。
　　　ノー　ノ　メ　ア　ディチョ

⑤ ¿Conoces a (　　　) de ellas?　きみは彼女たちのなかのだれかを知ってるの？
コノセス　ア　　　　デ　エジャス

　　　No, no conozco a (　　　) de ellas. いや、ぼくはだれも知らないよ。
　　　ノー　ノ　コノスコ　ア　　　　デ　エジャス

第41課の単語 (P175) ●●●●●●●●●●●●●●●●●●●●●●●●●●●●●●

prestar　貸す　　　　　　　　　　　　por aquí　このあたりに
プレスタール　　　　　　　　　　　　　ポル　アキ

Mini-diálogo

Ana : **Hola, Juan. ¿Hay algo de nuevo?**
オラ　　フアン　　アイ　　アルゴ　デ　ヌエボ

Juan : **Sí, sí. Estas vacaciones de verano voy a visitar China.**
シィ　シィ　エスタス　　バカシオネス　　デ　ベラーノ　　ボイ　ア　ビシタール　　チナ

Ana : **¡China! ¿Tienes algún amigo allí?**
チナ　　　　　ティエネス　　アルグン　　アミーゴ　　アジ

Juan : **No, no tengo ningún amigo allí.**
ノー　　ノ　テンゴ　　ニングン　　アミーゴ　　アジ

Ana : **¿Conoces algunas palabras chinas?**
コノセス　　アルグーナス　　パラブラス　　チナス

Juan : **No, no sé ninguna. Es que encontré un billete de**
ノー　　ノ　セ　ニングーナ　　エス　ケ　エンコントレ　　ウン　ビジェテ　デ
avión muy barato.
アビオン　ムイ　バラート

Ana : **Ah, por eso vas a China. ¡Buen viaje!**
アァ　　ボル　エソ　バス　ア　チナ　　　ブエン　ビアヘ

●日本語訳●

アナ　：こんにちは、フアン。何か変わったことない？
フアン：おおありだよ。この夏休み、中国へ行くんだ。
アナ　：中国ですって！　中国にだれか友だちがいるの？
フアン：いいや、だれも友だちはいない。
アナ　：ちょっとは中国語のことばを知ってるの？
フアン：いいや、全然。中国行きのすごく安い切符を見つけた
　　　　んだよ。
アナ　：ああ、それで中国へ行くのね。じゃあ、いい旅行を！

第41課の単語（P177）●●●●●●●●●●●●●●●●●●●●●●●●●●●●●●●●●

verano　夏
ベラーノ
China　中国
チナ

encontrar　見つける
エンコントラール

177

過去未来

過去未来の意味

　スペイン語では **condicional** と呼ばれている用法です。可能性を示すという意味が背後にあることから、**可能法**と呼ぶ本もあります。過去のある時点から未来のことを述べるときに使われるので、この本では**過去未来**と呼びます。

コンディシオナル

過去未来の活用

　規則活用と不規則活用がありますが、活用語尾はすべて同じです。

❶ 規則活用

　動詞の原形に、表のような活用語尾をつけます。**hablar** の活用例は、次のとおりです。

	単数	複数
1人称	**hablaría** アブラリーア	**hablaríamos** アブラリーアモス
2人称	**hablarías** アブラリーアス	**hablaríais** アブラリーアイス
3人称	**hablaría** アブラリーア	**hablarían** アブラリーアン

　活用の基本として習った動詞 **comer** や **vivir** も活用させてみましょう。

❷ 不規則活用

　未来形をもとにして作ります。第 27 課を参考にしてください。

　未来形の不規則活用の語幹に、表のような活用語尾をつけます。次のように 3 つのグループがあります。表の下段に（　）で示したのは、不規則活用の語幹です。

〈不規則①〉 hacer アセール		〈不規則②〉 tener テネール		〈不規則③〉 poder ポデール	
haría アリーア	haríamos アリーアモス	tendría テンドリーア	tendríamos テンドリーアモス	podría ポドリーア	podríamos ポドリーアモス
harías アリーアス	haríais アリーアイス	tendrías テンドリーアス	tendríais テンドリーアイス	podrías ポドリーアス	podríais ポドリーアイス
haría アリーア	harían アリーアン	tendría テンドリーア	tendrían テンドリーアン	podría ポドリーア	podrían ポドリーアン

decir(dir-) 言う
デシール

salir(saldr-) 出かける
サリール

poner(pondr-) 置く
ポネール

venir(vendr-) 来る
ベニール

valer(valdr-) 価値がある
バレール

querer(querr-) 願う
ケレール

saber(sabr-) 知る
サベール

caber(cabr-) 入りうる
カベール

それぞれの不規則動詞を
活用させてみましょう。

過去未来の用法

❶ 過去からみた未来を表す

Él me dijo que visitaría Japón el mes que viene.
エル メ ディホ ケ ビシタリーア ハポン エル メス ケ ビエネ
来月、日本を訪れるだろうと彼は私に言った。

「来月」という意味。

Pensábamos que ella vendría a la fiesta.
ペンサーバモス ケ エジャ ベンドリーア ア ラ フィエスタ
彼女はパーティーに来るだろうと私たちは思っていた。

❷ 「～したいのですが」「～していただけますか？」などの現在の婉曲表現として使う

¿Podría hablar más despacio? もう少しゆっくり話していただけますか？
ポドリーア アブラール マス デスパシオ

Me gustaría verle un día. いつかあなたとお会いしたいのですが。
メ グスタリーア ベールレ ウン ディア

＊とてもていねいな言い方です。目上の人に対するときや、あらたまった場所で使えるので、覚えておくと便利です。

1 次の動詞を過去未来形に活用させましょう。

① decir
デシール　_____

② venir
ベニール　_____

③ salir
サリール　_____

④ querer
ケレール　_____

⑤ haber
アベール　_____

2 下から合う動詞を選び、適切な過去未来形を（　　）に書きましょう。

① Carlos dijo que me (　　　　) al día siguiente.
カルロス　ディホ　ケ　メ　　　　　　　アル　ディア　　シギエンテ
その翌日私に電話するだろうとカルロスは言った。

② No sabía cuándo (　　　　) mis padres.
ノ　サビーア　クアンド　　　　　　ミス　パドレス
両親がいつ戻るのか、私は知らなかった。

③ Carmen me escribió que (　　　　) a eso de las tres de la tarde.
カルメン　メ　エスクリビオ　ケ　　　　　　ア　エソ　デ　ラス　トレス　デ　ラ　タルデ
カルメンは私に、午後3時ごろ着くだろうと書いてきた。

④ Todo el mundo decía que no (　　　　).
トード　エル　ムンド　デシーア　ケ　ノ
私たちは結婚しないだろうと、みんなが言っていた。

casarse	llegar	volver	llamar
カサールセ	ジェガール	ボルベール	ジャマール
結婚する	着く	帰る	～に電話をかける

第42課の単語 (P179 ～ P180)●●●●●●●●●●●●●●●●●●●●●●●●●●●●●

el mes que viene　来月
エル　メス　ケ　ビエネ
un día　（過去・未来の）ある日
ウン　ディア
al día siguiente　翌日に
アル ディア　シギエンテ

a eso de　～時ごろ
ア　エソ　デ
mundo　世界
ムンド
todo el mundo　みんな
トード　エル　ムンド

180

Mini-diálogo

Pepe : **Ayer fui a pescar con papá. Pero cuando llegamos**
アジェール フイ ア ペスカール　コン　パパ　ペロ　　クアンド　　　ジェガモス

al río, empezó a llover, y no pudimos pescar.
アル リオ　エンペソ　ア ジョベール イ ノ　プディモス　ペスカール

Rosa : **Dijeron en la tele que haría buen tiempo todo el**
ディヘロン エン ラ テレ　ケ　アリーア　ブエン　ティエンポ　トード エル

día, pero llovió. ¡Qué pena!
ディア　ペロ　ジョビオ　　ケ　　ペナ

Pepe : **Pensaba que podríamos pescar muchos peces y**
ペンサーバ　ケ　ポドリーアモス　ペスカール　ムーチョス　ペセス イ

que podríamos cenar pescado fresco.
ケ　ポドリーアモス　セナール　ペスカード　フレスコ

Pensaba que とつながります。

●日本語訳●

ペペ： 昨日、パパと釣りに行ったんだ。でも、川
に着いたら雨が降り出して、魚は釣れなか
った。

ロサ： テレビでは一日中、いいお天気になるだろ
うって言っていた。
でも、雨が降ったのね。かわいそうに。

ペペ： たくさん魚が釣れるだろうし、晩ごはんに
新鮮な魚が食べられるだろうと、ぼくは思
っていたのに。

第42課の単語 （P181） ●

pescar 釣る
ペスカール
pena 悲嘆
ペナ
!Qué pena ! 残念ね。
ケ　ペナ

pez 魚類
ペス
pescado （食品としての）魚
ペスカード
fresco 新鮮な
フレスコ

関係代名詞①

主節と従属節を結ぶ関係代名詞

　関係代名詞は〈接続詞 + 代名詞〉の役目を果たし、「〜するところの○○」という意味で、主節と従属節を結びます。

　従属節は、関係節とも呼ばれます。この課では、関係代名詞の基本であり、いちばん多く使われる **que** を例に、関係代名詞のしくみを学びましょう。

関係代名詞 que を使った文の作り方

　まず、関係代名詞 **que** を使って、次の 2 つの文をつないでみましょう。

私はその電車に乗らねばならない。　　　　その電車は 1 時に出発する。

ⓐ Tengo que tomar el tren.
　テンゴ　ケ　トマール　エル トレン

ⓑ El tren sale a la una.
　エル トレン　サレ ア ラ ウナ

先行詞です。　　　　　　　　　　　関係代名詞です。

Tengo que tomar el tren [que sale a la una].
　テンゴ　ケ　トマール　エル トレン　ケ　サレ ア ラ ウナ　[　]が
私は [1 時に出発する] 電車に乗らねばならない。　　　関係節です。

　上の文は ⓐ を主節、ⓑ を関係節にして、関係代名詞 **que** でつながれています。**que** 以下は関係節で、**el tren** を修飾しています。このように関係節が修飾する名詞は、**先行詞**と呼ばれます。

　先行詞は関係節の主語や目的語、補語などになります。この文では、先行詞 **el tren** は関係節にとって主語になっています。

今度は ⓑ を主節、ⓐ を関係節にして、1 つの文にしましょう。

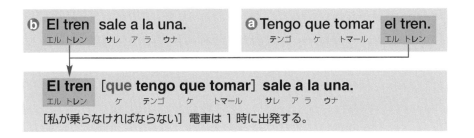

ⓑ **El tren** sale a la una.
エル トレン　サレ ア ラ ウナ

ⓐ Tengo que tomar **el tren.**
テンゴ　ケ　トマール　エル トレン

El tren [que tengo que tomar] sale a la una.
エル トレン　ケ　テンゴ　ケ　トマール　サレ ア ラ ウナ
[私が乗らなければならない] 電車は 1 時に出発する。

　先行詞が **el tren** なので、その直後に **que** がこなければいけません。つまり、ⓑ に ⓐ を挿入するような形になります。この場合、先行詞 **el tren** は関係節にとって目的語になっています。

関係代名詞 que の用法

que の先行詞は、人でも物でもかまいません。
❶ 物が先行詞の場合（前ページの説明を参照）
❷ 人が先行詞の場合

Llamé a Juan.
ジャメ ア フアン

Juan vive en Perú.
フアン ビベ エン ペルー

que は関係節の中で主語になります。

Llamé a Juan [que vive en Perú].
ジャメ ア フアン　ケ ビベ エン ペルー
[ペルーに住んでいる] フアンに私は電話した。

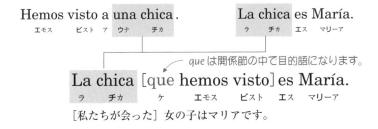

Hemos visto a una chica.
エモス ビスト ア ウナ チカ

La chica es María.
ラ チカ エス マリーア

que は関係節の中で目的語になります。

La chica [que hemos visto] es María.
ラ チカ　ケ エモス ビスト エス マリーア
[私たちが会った] 女の子はマリアです。

que に前置詞がつく場合

〈前置詞 + que〉という形は、先行詞が場所、あるいは時を表す名詞の場合が多くなります。この場合、前置詞は en がよく使われます。先行詞が場所の場合をみましょう。

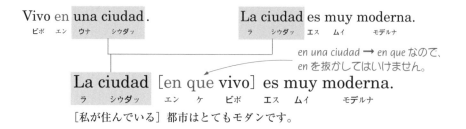

Vivo en una ciudad.
ビボ　エン　ウナ　シウダッ

La ciudad es muy moderna.
ラ　シウダッ　エス　ムイ　モデルナ

en una ciudad → en que なので、
en を抜かしてはいけません。

La ciudad [en que vivo] es muy moderna.
ラ　シウダッ　エン　ケ　ビボ　エス　ムイ　モデルナ

［私が住んでいる］都市はとてもモダンです。

関係代名詞の限定用法と説明用法

Ⓐ Tengo una tía que vive en Madrid.
テンゴ　ウナ ティア　ケ　ビベ　エン　マドリッ
私にはマドリードに住んでいる叔母がひとりいる。

Ⓑ Tengo una tía, que vive en Madrid.
テンゴ　ウナ ティア　ケ　ビベ　エン　マドリッ
私には叔母がひとりいますが、その叔母はマドリードに住んでいます。

Ⓐ は「マドリードに住んでいる叔母」と、関係節が先行詞の内容を限定しています。これを**限定用法**といいます。

それに対して、Ⓑ では先行詞のあとにコンマがあり、「その叔母はマドリードに住んでいます」と、関係節は先行詞を説明する付加文になります。この用法を**説明用法**と呼びます。

練習問題 ●解答は P237

第 **43** 課

関係代名詞 ①

1 関係節に下線を引いてあります。先行詞は何か、また先行詞が関係節でどういう役割をしているかを書きましょう。

(例) ¿Conoces a la señora que está hablando con mi madre?
コノセス　ア　ラ　セニョーラ　ケ　エスタ　アブランド　コン　ミ　マドレ

母と話しているご婦人をきみは知っていますか？

〈先行詞〉la señora　　　　　　〈役割〉関係節の主語

① Perdí el tren que salió a las ocho.　私は8時に出た電車に乗りそこなった。
ペルディ　エル　トレン　ケ　サリオ　ア　ラス　オチョ

〈先行詞〉　　　　　　　　　　〈役割〉

② El libro que estoy leyendo es muy interesante.
エル　リブロ　ケ　エストイ　レジェンド　エス　ムイ　インテレサンテ

私が読んでいる本はとてもおもしろい。

〈先行詞〉　　　　　　　　　　〈役割〉

2 次の2つの文を関係代名詞を使って1つにしましょう。

Juan compró el coche.　フアンはその車を買った。
フアン　コンプロ　エル　コチェ

El coche está allí.　その車はあそこにある。
エル　コチェ　エスタ　アジ

3 (　　) に正しい関係代名詞または前置詞を書きましょう。

① Tengo un amigo (　　) vive en la Ciudad de México.
テンゴ　ウン　アミーゴ　ビベ　エン　ラ　シウダッ　デ　メヒコ

私にはメキシコシティに住んでいる友人がいます。

② La chica (　　) hemos visto en el cine es Guadalupe.
ラ　チカ　エモス　ビスト　エン　エル　シネ　エス　グアダルーペ

映画館で見かけた女の子はグアダルーペです。

③ El pueblo (　　) que viven mis padres es pequeño pero muy bonito.
エル　プエブロ　ケ　ビベン　ミス　パドレス　エス　ペケーニョ　ペロ　ムイ　ボニート

私の両親が住んでいる村は小さいけれど、とてもすてきです。

④ La oficina (　　) que trabajo está en la Gran Vía.
ラ　オフォシーナ　ケ　トラバホ　エスタ　エン　ラ　グラン　ビア

私が働いている事務所はグラン・ビアにあります。

185

┤ Mini-diálogo ├

Juan : **Ana, mira a aquella chica que está hablando con**
アナ　ミラ　ア　アケージャ　チカ　ケ　エスタ　アブランド　コン
David allí.
ダビッ　アジ

Ana : **¡Qué guapa! ¿Quién es?**
ケ　グアパ　キエン　エス

Juan : **A ver...No me sale su nombre. De todos modos, es**
ア　ベール　ノ　メ　サレス　ノンブレ　デ　トードス　モードス　エス
una venezolana que estudia arquitectura aquí.
ウナ　ベネソラーナ　ケ　エストゥディア　アルキテクトゥーラ　アキ

Ana : **¿Por qué no la invitamos a la fiesta de esta noche?**
ボル　ケ　ノ　ラ　インビタモス　ア　ラ　フィエスタ　デ　エスタ　ノチェ

Juan : **¡Buena idea!**
ブエナ　イデア

●日本語訳●

フアン：アナ、あそこでダビと話している女の子
　　　　を見てごらん。
アナ　：きれいな人ね！　だれなの？
フアン：ええと……名前が出てこない。ともかく
　　　　ベネズエラ人で、ここで建築の勉強をし
　　　　ているんだ。
アナ　：今夜のパーティーに彼女を招待しない？
フアン：いいねえ。

第43課の単語（P184〜P186）●●●●●●●●●●●●●●●●●●●●●●●●●

moderna　モダンな
モデルナ
coche　自動車
コチェ
pueblo　村
プエブロ

arquitectura　建築
アルキテクトゥーラ
idea　アイデア
イデア

186

関係代名詞②

〈定冠詞 +que〉の用法

先行詞は、人でも物でもかまいません。先行詞の性と数に応じて、**el que** ／ **la que** ／ **los que** ／ **las que** と変化するので、先行詞を明示したい場合によく使われます。また、**que** が前置詞をともなう場合、〈前置詞 + 定冠詞 + que〉の形が多く使われます。

❶ 前置詞をともなう場合や、説明用法で多く使われます。

El jefe de Antonio es colombiano.　Vimos al jefe de Antonio.
エル　ヘフェ　デ　アントニオ　エス　コロンビアーノ　　　ビモス　アル ヘフェ　デ　アントニオ

El jefe de Antonio, [al que vimos,] es colombiano.
エル ヘフェ デ　アントニオ　　アル　ケ　ビモス　エス　　コロンビアーノ

アントニオの上司は［その人に私たちは会ったのですが、］コロンビア人です。

❷ 動詞が前置詞を要求する場合が多いので、気をつけましょう。

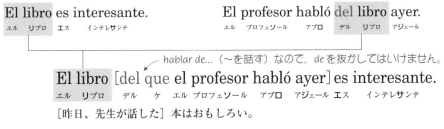

El libro es interesante.　　　　El profesor habló del libro ayer.
エル　リブロ　エス　　インテレサンテ　　　エル プロフェソール　アブロ　デル　リブロ　アジェール

hablar de...（〜を話す）なので、de を抜かしてはいけません。

El libro [del que el profesor habló ayer] es interesante.
エル　リブロ　　デル　ケ　エル プロフェソール　アブロ　アジェール エス　　インテレサンテ

［昨日、先生が話した］本はおもしろい。

このほかに、**pensar en**（〜を思う）／ **informar de...**（〜を知らせる）／ **dedicarse a...**（〜に打ち込む）などの動詞があります。

❸ 先行詞を含む関係代名詞で、具体的でない人を表します。

El que se prepara bien, tiene éxito.　用意周到な人は成功する。
エル　ケ　セ　プレパラ　ビエン　ティエネ　エクシト

Las que charlan allí, son amigas de mi madre.
ラス　ケ　チャルラン　アジ　ソン　アミーガス　デ　ミ　マドレ

あそこでおしゃべりをしているのは、母の女友だちです。

中性の関係代名詞 lo que

❶ 前の文全体が先行詞となる場合（lo que は「そのこと」と訳す）

Ella me escribió que vendría a Japón, lo que me alegró mucho.
エジャ　メ　エスクリビオ　ケ　ベンドリーア ア　ハポン　ロ　ケ　メ　アレグロ　ムーチョ

彼女は日本に来るだろうと私に手紙をくれたが、そのことは私をとても喜ばせた。
（それで私はとてもうれしかった）

❷ 先行詞を含む関係代名詞として使われる場合

No entiendo lo que dices.　きみの言っていることをぼくは理解できない。
ノ　エンティエンド　ロ　ケ　ディセス

Lo que me estás diciendo no es verdad.
ロ　ケ　メ　エスタス　ディシエンド　ノ エス　ベルダッ

きみが私に言っていることは、ほんとうではない。

関係代名詞 quien の用法

先行詞は人に限られます。先行詞が複数なら、**quienes** になります。
先行詞がある場合と先行詞を含む場合に分けて、見ていきましょう。

❶ 先行詞がある場合

quien が主語として使われるのは、説明用法の場合だけです。

Mis amigos japoneses, [quienes aprenden español,]
ミス　アミーゴス　ハポネセス　　キエネス　　アプレンデン　　エスパニョール

visitan México en verano.
ビシタン　メヒコ　エン　ベラーノ

私の日本人の友人たちは［スペイン語を習っていますが］、夏にメキシコを訪れます。

quien が関係節の中で目的語の場合は、**a quien** となります。

La chica [a quien hemos visto] es María.
ラ　チカ　ア　キエン　エモス　ビスト　エス　マリーア

［私たちが会った］女の子はマリアだ。

前の文を **que** で言い換えると、次のようになります。

que の場合、*a* は不要です。

La chica que hemos visto es María.
ラ　チカ　　ケ　　エモス　　ビスト　エス　マリーア

quien は **a** 以外の前置詞（**por** ／ **con** ／ **de** など）とともに使われる場合もあります。関係代名詞の前に前置詞がくる例は、関係節の動詞が **casarse con...** ／ **dedicarse a...** ／ **hablar de...** のように決まった前置詞をとる場合に多く見られます。

El chico [con quien se casó Rosa] es chileno.
エル　チコ　　　コン　　キエン　　セ　　カソ　　ロサ　　エス　　チレーノ

［ロサが結婚した］男の子はチリ人です。

❷ 先行詞を含む場合

「〜するところの人」という意味で、具体的でない人を表します。

Quien madruga se acuesta temprano.　早起きの人は、早寝だ。
キエン　　マドゥルガ　　セ　　アクエスタ　　テンプラーノ

Dios ayuda a quienes hacen esfuerzos.　神は努力する人々を助ける。
ディオス　アジュダ　ア　　キエネス　　　アセン　　エスフエルソス

なお、**quien = el que** ／ **quienes = los que** です。したがって、上の例文は次のように書き換えられます。

El que madruga se acuesta temprano.
エル　ケ　　マドゥルガ　　セ　　アクエスタ　　テンプラーノ

Dios ayuda a los que hacen esfuerzos.
ディオス　アジュダ　ア　ロス　　ケ　　アセン　　エスフエルソス

関係代名詞のまとめ

関係代名詞 **que** は、**quien** や 〈冠詞 + que〉で書き換えられます。

La chica que hemos visto es María.
ラ　チカ　　ケ　　エモス　　ビスト　エス　マリーア

La chica a quien hemos visto es María.
ラ　チカ　ア　キエン　　エモス　　ビスト　エス　マリーア

私たちが見た女性はマリアです。

La chica a la que hemos visto es María.
ラ　チカ　ア　ラ　ケ　　エモス　　ビスト　エス　マリーア

189

● 解答は P237

練習問題

1 ( ) に関係代名詞を入れましょう。

① Mi amigo ( ) aprende japonés es panameño.
ミ　アミーゴ　　　　　　アプレンデ　ハポネス　エス　パナメーニョ
日本語を勉強しているぼくの友人はパナマ人です。

② El chico ( ) vimos en la playa es sevillano.
エル　チコ　　　　　　ビモス　エン　ラ　プラジャ　エス　セビジャーノ
海岸で見かけたあの男の子はセビージャ出身だ。

③ El chico a ( ) vimos en la playa es gaditano.
エル　チコ　ア　　　　　ビモス　エン　ラ　プラジャ　エス　ガディターノ
海岸で見かけたあの男の子はカディス出身だ。

④ La mujer con ( ) está hablando mi padre es su secretaria.
ラ　ムヘール　コン　　　　　エスタ　アブランド　ミ　パドレ　エス　ス　セクレタリア
父が話している女性は父の秘書です。

⑤ Los ( ) estudian más aprueban.
ロス　　　　　　エストゥディアン　マス　アプルエバン
より勉強するものが合格する。

2 日本語にしましょう。

① Quien sabe mucho habla poco.
キエン　サベ　ムーチョ　アブラ　ポコ

_____

② No entiendo lo que dice mi padre.
ノ　エンティエンド　ロ　ケ　ディセ　ミ　パドレ

_____

③ Mi primo dijo que vendría a verme, lo que me alegró mucho.
ミ　プリモ　ディホ　ケ　ベンドリーア　ア　ベールメ　ロ　ケ　メ　アレグロ　ムーチョ

_____

第44課の単語 (P187 ～ P190) •

éxito　成功
エクシト
alegrar　喜ばせる
アレグラール
madrugar　早起きする
マドルガール
acostarse　寝る、横になる
アコスタールセ
esfuerzo　努力
エスフエルソ

ayudar　助ける
アジュダール
panameño　パナマ人
パナメーニョ
sevillano　セビージャ出身の人
セビジャーノ
gaditano　カディス出身の人
ガディターノ
secretario　セクレタリー、秘書
セクレタリオ

190

┤ Mini-diálogo ├

Juan : **¿La chica a quien hemos visto se llama Rocío?**
ラ チカ ア キエン エモス ビスト セ ジャマ ロシーオ

Ana : **Sí, ¿por qué?**
シィ ポル ケ

Juan : **Porque un amigo mío va a casarse con una**
ポルケ ウン アミーゴ ミオ バ ア カサールセ コン ウナ

chica que se llama Rocío.
チカ ケ セ ジャマ ロシーオ

Ana : **Ah, entonces, ¿es ella con la que va a casarse**
アァ エントンセス エス エジャ コン ラ ケ バ ア カサールセ

tu amigo?
トゥ アミーゴ

Juan : **Creo que sí.**
クレオ ケ シィ

Ana : **¿Ya están prometidos?**
ジャ エスタン プロメティードス

Juan : **Sí, van a casarse dentro de poco.**
シィ バン ア カサールセ デントロ デ ポコ

●日本語訳●

フアン：いま会った女性はロシーオかい？
アナ ：そうよ。なぜ？
フアン：なぜかっていうと、ぼくの友だちがある女性と
　　　　結婚するつもりで、その人の名前はロシーオと
　　　　いうんだ。
アナ ：ああ、それじゃあ彼女なの、あなたの友だちが
　　　　結婚するつもりの女性は？
フアン：そうだと思う。
アナ ：それで彼らはもう婚約しているの？
フアン：そうだよ。間もなく結婚するんだ。

関係形容詞と関係副詞

関係形容詞 cuyo

　形容詞と接続詞の役目をもち、先行詞の所有形容詞の役目をします。先行詞は人でも物でもよく、後続する名詞の性と数に応じて、**cuyo** ／ **cuya** ／ **cuyos** ／ **cuyas** と語尾が変化します。先行詞の性と数に応じて変化するのではありません。話しことばではほとんど使われません。

後続の *libro* に性と数が一致しています。

Conozco a un escritor , cuyo libro es *best-seller*.
コノスコ　ア　ウン　エスクリトール　　クジョ　リブロ　エス　　ベスト　セラー

私はある作家を知っているが、その作家の本はベストセラーだ。

tarta に性と数が一致しています。

Ésta es la pastelería , cuyas tartas son tan ricas.
エスタ　エス　ラ　　パステレリーア　　　クジャス　　タルタス　ソン　　タン　　リカス

これがそのケーキ屋で、そこのケーキはとてもおいしいです。

関係形容詞・関係代名詞として使う cuanto

❶ 関係形容詞としての **cuanto**

　先行詞の前に置かれ、「すべての〜」という意味です。形容詞なので、先行詞に応じて性と数が変化します。

Javier vendió cuantos libros tenía.
ハビエル　　ベンディオ　クアントス　リブロス　テニーア

ハビエルは持っていたすべての本を売った。

上の文は、次のように書き換えることができます。

Javier vendió todos los libros que tenía.
ハビエル　ベンディオ　トードス　ロス　リブロス　ケ　テニーア

話しことばではこちらの形が使われます。

❷ 関係代名詞としての cuanto

「〜するすべてのもの」という意味で、人にも物にも使い、性と数によって変化します。**todo(s) lo(s) que** に書き換えられます。

Perdí cuanto (=todo lo que) tenía.　私は持っていたものすべてを失った。
ペルディ　クアント　　トード　ロ　ケ　テニーア

cuanto(s) は先行詞 *todo(s)* を含んでいます。

Cuantos (=Todos los que) estaban allí se sorprendieron mucho.
クアントス　　トードス ロス ケ　　エスターバン　アジ セ　　ソルプレンディエロン　　ムーチョ
そこにいた人は皆とても驚いた。

関係副詞

副詞と接続詞の役目を、同時に果たします。時を表す **cuando** と、場所を表す **donde** がよく使われます。

❶ 時の関係副詞 cuando

時の名詞や副詞を先行詞とした説明用法、強調構文で多く用いられます。

● 説明用法の場合

Mi primer hijo nació en 2000, cuando murió mi padre.
ミ　プリメール　イホ　ナシオ　エン　ドスミル　クアンド　　ムリオ　ミ　パドレ
長男は 2000 年に生まれたが、その年に父が亡くなった。

● 強調構文で使われる場合

Fue en　　　1492　　　cuando Colón descubrió América.
フエ　エン　ミルクアトロシエントス ノベンタイドス　クアンド　　コロン　　デスクブリオ　　　アメリカ
コロンブスがアメリカを発見したのは、1492 年のことだ。

これは **Colón descubrió América en 1492.** を強調した言い方で、強調構文と呼ばれます。

＊話しことばで **cuando** の代わりに、〈時の名詞 **+ que**〉が使われる例があります。**en** は通常、省略されます。

La última vez (en) que estuve en España fue en 2000.
ラ　ウルティマ　ベス　エン　ケ　エストゥベ エン エスパーニャ　フエ　エン ドス ミル
私が最後にスペインへ行ったのは、2000年でした。

❷ 場所の関係副詞 donde

場所を表す名詞、あるいは副詞を先行詞とします。

● 先行詞がある場合

La casa donde (=en que) vivo está enfrente de la escuela.
ラ カサ ドンデ エン ケ ビボ エスタ エンフレンテ デ ラ エスクエラ

私が住んでいる家は学校の向かいにあります。

Fui a Correos, donde compré unos sellos.
フイア ア コレオス ドンデ コンプレ ウノス セジョス

私は郵便局へ行って、そこで切手を数枚買いました。

● 先行詞を含む場合

Quiero ir a donde fuimos ayer.
キエロ イールア ドンデ フイモス アジェール

先日行ったところに行きたい。

● 強調構文で使われる場合

Fue en Madrid donde compré este bolso.
フエ エン マドリッ ドンデ コンプレ エステ ボルソ

私がこのバッグを買ったのはマドリードです。

これは **Compré este bolso en Madrid.** を強調しています。

Check ▶ 関係代名詞 **el cual** / **la cual** / **los cuales** / **las cuales** / **lo cual** は話しことばではほとんど使われません。多くの場合、前置詞をともないます。こういう関係代名詞もあるということだけ、記憶にとどめておいてください。1つだけ用例をあげましょう。

La razón por la cual Carlos dejó el trabajo no está clara.
ラ ラソン ポル ラ クアル カルロス デホ エル トラバホ ノ エスタ クラーラ
カルロスが仕事をやめた理由ははっきりしない。

練習問題　●解答は P237

1 （　）に適当な関係副詞か que を入れましょう。

① La casa (　　　) vivo no es grande.
ラ　カサ　　　　ビボ　ノ　エス　グランデ
私が住んでいる家は大きくない。

② A las nueve de la noche, (　　　) terminó la reunión, volvimos a casa.
ア　ラス　ヌエベ　デ　ラ　ノチェ　　　　テルミノ　ラ　レウニオン　ボルビモス　ア　カサ
夜9時に会合は終わったのですが、その時間に私たちは家に帰りました。

③ Quiero ir otra vez a (　　　) fuimos hace una semana.
キエロ　イール　オトラ　ベス　ア　　　　フイモス　アセ　ウナ　セマーナ
先週私たちが行ったところに、私はもう一度行きたいのです。

④ No puedo olvidar el día (　　　) la vi por primera vez.
ノ　プエド　オルビダール　エル　ディア　　　　ラ　ビ　ポル　プリメーラ　ベス
私は彼女にはじめて会った日のことを忘れることができない。

2 日本語にしましょう。

① Compré cuantas flores vendía la chica.
コンプレ　　クアンタス　フローレス　ベンディア　ラ　チカ

_____

② Tengo un gato cuyos ojos son verdes.
テンゴ　ウン　ガト　クジョス　オホス　ソン　ベルデス

_____

③ Manolo perdió cuanto tenía.
マノーロ　ベルディオ　クアント　テニーア

_____

第45 課の単語 （P192 ～ P195） ●●●●●●●●●●●●●●●●●●●●●●●

escritor　作家
エスクリトール
pastelería　ケーキ屋
パステレリーア
sorprenderse　驚く
ソルプレンデールセ
nacer　生まれる
ナセール
descubrir　発見する
デスクブリール
enfrente de　～の向かいに
エンフレンテ　デ
Correos　郵便局（大文字で始まり複数になる）
コレオス

sello　切手
セジョ
bolso　ハンドバッグ
ボルソ
terminar　終わる
テルミナール
reunión　会合
レウニオン
otra vez　もう一度
オトラ　ベス
olvidar　忘れる
オルビダール
gato　ネコ
ガト

195

さまざまな完了形

完了時制

　動詞の時制として、これまでに現在形、未来形、点過去、線過去、過去未来、そして現在完了を学びました。この課では、「過去完了」「未来完了」「過去未来完了」について説明します。これらの3つの完了形を覚えると、現在使われている直説法の時制を全部学んだことになります。

　「過去完了」は比較的よく使われますが、「未来完了」「過去未来完了」はそれほど使われません。この課では、**hablar** を例に基本だけを説明します。

過去完了

　過去完了は過去のあるできごとを基準に、それ以前に経験したこと、あるいは完了したことを表す時制です。

❶ 過去完了形……**haber** の線過去 + 過去分詞

	単数	複数
1人称	había hablado アビーア　アブラード	habíamos hablado アビーアモス　アブラード
2人称	habías hablado アビーアス　アブラード	habíais hablado アビーアイス　アブラード
3人称	había hablado アビーア　アブラード	habían hablado アビーアン　アブラード

❷ 過去完了の用法

levanté より1つ前の時制です。

Cuando me levanté, mi padre ya había salido a la oficina.
クアンド　メ　レバンテ　ミ　パドレ　ジャ　アビーア　サリード　ア　ラ　オフィシナ

私が起きたとき、父はもう会社に出かけていた。（完了）

Hasta entonces no habíamos estado en Chile.
アスタ　エントンセス　ノ　アビーアモス　エスタード　エン　チレ

そのときまで、私たちはチリに行ったことはなかった。（経験）

未来完了

未来形に完了の要素が加わった時制です。

❶ 未来完了形…… **haber** の未来形 + 過去分詞

	単数	複数
1人称	habré hablado アブレ　アブラード	habremos hablado アブレモス　アブラード
2人称	habrás hablado アブラス　アブラード	habréis hablado アブレイス　アブラード
3人称	habrá hablado アブラ　アブラード	habrán hablado アブラン　アブラード

❷ 未来完了の用法

あるできごとを、未来のある時点より前に完了しているだろう、と推測します。

María habrá terminado este trabajo para fines de mayo.
マリーア　アブラ　テルミナード　エステ　トラバホ　バラ　フィネス　デ　マジョ

マリアは5月の末までにはこの仕事を終えてしまっているだろう。

単なる未来なら、次のようになります。上の例文と比較してみましょう。

María terminará este trabajo para fines de mayo.
マリーア　テルミナラ　エステ　トラバホ　バラ　フィネス　デ　マジョ

マリアは5月の末までにはこの仕事を終えているだろう。

＊「未来のある時点までに」は、〈**para** + 時の副詞〉で表します。この場合、**para** は期限を表し、「～までには」と訳します。

過去未来完了

過去未来に完了の要素が加わった時制です。

❶ 過去未来完了形……haber の過去未来 + 過去分詞

	単数	複数
1人称	habría hablado アブリーア　　アブラード	habríamos hablado アブリーアモス　　アブラード
2人称	habrías hablado アブリーアス　　アブラード	habríais hablado アブリーアイス　　アブラード
3人称	habría hablado アブリーア　　アブラード	habrían hablado アブリーアン　　アブラード

❷ 過去未来完了の用法

あるできごとが、過去から見た未来のある時点までに完了しているだろう、と推測します。

María creía que habría terminado este trabajo para fines de mayo.
マリーア　クレイーア　ケ　アブリーア　　テルミナード　　エステ　トラバホ　　パラ　フィネス　デ　マジョ

5月の末までにはこの仕事を終えてしまっているだろう、とマリアは思っていた。

単なる過去未来なら、次のようになります。上の例文と比較してみましょう。

María creía que terminaría este trabajo para fines de mayo.
マリーア　クレイーア　ケ　　　テルミナリーア　　エステ　トラバホ　　パラ　フィネス　デ　マジョ

5月の末までにはこの仕事を終えているだろう、とマリアは思っていた。

Check ▶ 名詞や形容詞、または副詞の語尾に-ito、-ita をつけると、「小さい」「かわいらしい」などの意味が加わります。これを「縮小辞」といいます。

Pepe → Pepito　　　　　　**Juana→Juanita**
　ペペ　　　ペピート　　　　　　　　フアナ　　フアニータ

casa → casita（家 → 小さな家）
　カサ　　　カシータ

momento → momentito（瞬間 → ほんの一瞬）
　モメント　　　モメンティート

poco → poquito → poquitín（少し → ほんの少し → ほんのちょっと）
　ポコ　　　ポキート　　　　ポキティン

198

1 下線の部分を訳して、（　　　　）にどの完了時制かを書きましょう。

① Yo <u>no había estado</u> en Argentina hasta entonces.
ジョ　ノ　アビーア　エスタード　エン　アルヘンティーナ　アスタ　エントンセス
私はそのときまで、アルゼンチンに ＿＿＿＿＿＿＿＿＿＿＿＿＿＿＿（　　　　）

② Cuando llegué a la estación, el tren <u>ya había salido</u>.
クアンド　ジェゲ　ア　ラ　エスタシオン　エル　トレン　ジャ　アビーア　サリード
私が駅に着いたとき、汽車はもう＿＿＿＿＿＿＿＿＿＿＿＿＿＿＿（　　　　）

③ Yo no sabía que <u>él había vuelto</u> a España.
ジョ　ノ　サビーア　ケ　エル　アビーア　ブエルト　ア　エスパーニャ
彼がスペインに＿＿＿＿＿＿＿＿＿とは私は知らなかった。　　（　　　　）

④ Irene <u>habrá vuelto</u> a Salamanca para fines de verano.
イレーネ　アブラ　ブエルト　ア　サラマンカ　パラ　フィネス　デ　ベラーノ
イレーネは夏の終わりにはサラマンカへ＿＿＿＿＿＿＿＿＿＿＿（　　　　）

Irene <u>volverá</u> a Salamanca para fines de verano.
イレーネ　ボルベラ　ア　サラマンカ　パラ　フィネス　デ　ベラーノ
イレーネは夏の終わりにサラマンカへ＿＿＿＿＿＿＿＿＿＿＿＿（　　　　）

⑤ Ella pensaba que su trabajo <u>habría terminado</u> para el fin de semana.
エジャ　ベンサーバ　ケ　ス　トラバホ　アブリーア　テルミナード　パラ　エル　フィン　デ　セマーナ
自分の仕事は週末には＿＿＿＿＿＿＿＿＿＿＿と彼女は考えていた。（　　　　）

Ella pensaba que su trabajo <u>terminaría</u> para el fin de semana.
エジャ　ベンサーバ　ケ　ス　トラバホ　テルミナリーア　パラ　エル　フィン　デ　セマーナ
自分の仕事は週末には＿＿＿＿＿＿＿＿＿＿＿と彼女は考えていた。（　　　　）

第46課の単語（P197 ～ P199）●●●●●●●●●●●●●●●●●●●●●●●●●●

fin　終わり
フィン
para　（期限を表す）～まで
バラ
para fines de　～の終わりごろまでには
バラ　フィネス　デ
para el fin de　～の終わりまでには
バラ　エル　フィン　デ

複数形はおよその
時期を表します。

Lección **47**

Lección **47**

間接話法

(DL 47)

直接話法と間接話法

Ⓐ とⒷの文を比べてください。どこが違うでしょう？

Ⓐ Silvia dice: — Yo tengo hambre. → 直接話法
シルビア ディセ ジョ テンゴ アンブレ
シルビアは言う、「私は空腹です」と。

この部分が主節です。

Ⓑ Silvia dice [que ella tiene hambre]. → 間接話法
シルビア ディセ ケ エジャ ティエネ アンブレ
空腹ですとシルビアは言う。

Ⓐ のように、話し手が話した内容をそのまま直接再現することを**直接話法**といいます。それに対して、話し手が話した内容を間接的に〔　　〕のような名詞節にして伝える Ⓑ の話法を**間接話法**といいます。

直接話法は、次のように間接話法に言い換えることができます。

❶ 名詞節を導く **que** を使って、話した内容を間接的に伝えます。

❷ 名詞節の主語や所有詞などの人称代名詞が変わる場合があります。上の例文では、Ⓐ **yo** → Ⓑ **ella** に、主語が変わっています。

❸ 名詞節の主語が変わるので、それにともなって Ⓐ **tengo** → Ⓑ **tiene** のように、動詞の人称も変わります。

時制の一致

直接話法を間接話法に変えるときは、主節の動詞の時制によって、名詞節の動詞の時制が変化します。2 つの動詞の間には時制に関する一定のルールがあり、これを**時制の一致**といいます。それぞれのケースを見ましょう。

❶ **主節の動詞が現在・現在完了・未来の場合**

時制の一致は必要ありません。まず、会話部分の動詞が現在の場合を見ましょう。

Dice: "Tengo hambre". → Dice que tiene hambre.　空腹だと彼は言う。
ディセ　テンゴ　アンブレ　　ディセ　ケ　ティエネ　アンブレ

Dirá: "Tengo hambre". → Dirá que tiene hambre.
ディラ　テンゴ　アンブレ　　ディラ　ケ　ティエネ　アンブレ
空腹だと彼は言うだろう。

Ha dicho: "Tengo hambre". → Ha dicho que tiene hambre.
ア　ディチョ　テンゴ　アンブレ　　ア　ディチョ　ケ　ティエネ　アンブレ
空腹だと彼は言ったばかりです。

次に、会話部分の動詞が線過去の場合です。

Dice: "Tenía hambre". → Dice que tenía hambre.
ディセ　テニーア　アンブレ　　ディセ　ケ　テニーア　アンブレ
空腹だったと彼は言う。

> 話し手が使った時制がそのまま生きます。

Dirá: "Tenía hambre". → Dirá que tenía hambre.
ディラ　テニーア　アンブレ　　ディラ　ケ　テニーア　アンブレ
空腹だったと彼は言うだろう。

Ha dicho: "Tenía hambre". → Ha dicho que tenía hambre.
ア　ディチョ　テニーア　アンブレ　　ア　ディチョ　ケ　テニーア　アンブレ
空腹だったと彼は言ったばかりです。

❷ 主節の動詞が過去の場合

時制の一致が必要になります。点過去の例で見てみましょう。

＊会話部分の動詞が現在の場合は、線過去になります。

Dijo: "Tengo hambre". → Dijo que tenía hambre.　空腹だと彼は言った。
ディホ　テンゴ　アンブレ　　ディホ　ケ　テニーア　アンブレ

＊会話部分の動詞が線過去なら、そのまま線過去です。

Dijo: "Tenía hambre". → Dijo que tenía hambre.
ディホ　テニーア　アンブレ　　ディホ　ケ　テニーア　アンブレ
空腹だと彼は言った。

＊会話部分の動詞が未来の場合は、過去未来になります。

Dijo: "Tendré hambre". → Dijo que tendría hambre.
ディホ　テンドレ　アンブレ　　ディホ　ケ　テンドリーア　アンブレ
空腹になるだろうと彼は言った。

指示詞や代名詞、時を表す副詞の変更

直接話法を間接話法にする場合、指示詞や代名詞、場所や時を表す副詞も、状況に合うように変えなければなりません。

❶ 指示詞や代名詞

Ella dijo: "Este es un regalo para ti.
エジャ ディホ エステ エス ウン レガーロ バラ ティ

彼女は「これはあなたへの贈り物よ」と言った。

↓

Ella dijo que aquel era un regalo para mí.
エジャ ディホ ケ アケル エラ ウン レガーロ バラ ミ

あれは私への贈り物だったと彼女は言った。

❷ 場所を表す副詞

Él dijo: "Hace mucho calor aquí".　彼は「ここはとても暑い」と言った。
エル ディホ アセ ムーチョ カロール アキ

↓

Él dijo que hacía mucho calor allí.　そこはとても暑かったと彼は言った。
エル ディホ ケ アシーア ムーチョ カロール アジ

❸ 時を表す副詞

Ella dijo: "Ahora no tengo dinero".
エジャ ディホ アオラ ノ テンゴ ディネーロ

彼女は「いまはお金を持っていません」と言った。

↓

Ella dijo que entonces no tenía dinero.
エジャ ディホ ケ エントンセス ノ テニーア ディネーロ

あのときはお金を持っていなかったと彼女は言った。

Juan dijo: "Hoy tengo que trabajar mucho".
フアン ディホ オイ テンゴ ケ トラバハール ムーチョ

フアンは「今日はたくさん働かなくてはならない」と言った。

↓

Juan dijo que aquel día tenía que trabajar mucho.
フアン ディホ ケ アケル ディア テニーア ケ トラバハール ムーチョ

あの日はたくさん働かなくてはならなかったとフアンは言った。

そのほかに、**ayer → el día anterior**（昨日 → その前日）、**mañana → al día siguiente**（明日 → その翌日）にも注意しましょう。ただし、これらは原則にすぎず、状況によってこのとおりにならないことがあります。

●解答は P237

練習問題

1 次の直接話法の文を間接話法に書き換えましょう。

① Irene dice: "Voy a Chile".　　→ Irene dice _____
　イレーネ　ディセ　　ボイ　ア　チレ　　　　　　　イレーネ　ディセ

　Irene dirá: "Voy a Chile".　　→ Irene dirá _____
　イレーネ　ディラ　　ボイ　ア　チレ　　　　　　　イレーネ　ディラ

　Irene ha dicho: "Voy a Chile". → Irene ha dicho _____
　イレーネ　ア　ディチョ　　ボイ　ア　チレ　　　　イレーネ　ア　ディチョ

② Irene dijo: "Voy a Chile".　　→ Irene dijo _____
　イレーネ　ディホ　　ボイ　ア　チレ　　　　　　　イレーネ　ディホ

　Irene dijo: "Iba a Chile".　　→ Irene dijo _____
　イレーネ　ディホ　イーバ　ア　チレ　　　　　　　イレーネ　ディホ

　Irene dijo: "Iré a Chile".　　→ Irene dijo _____
　イレーネ　ディホ　イレ　ア　チレ　　　　　　　　イレーネ　ディホ

2 下線部分の日本語にあたる単語を下から選んで（　　）に入れましょう。

① María dijo que tendría que trabajar (　　　　).
　マリーア　ディホ　ケ　テンドリーア　ケ　トラバハール
　翌日は働かなければならないだろうとマリアは言った。

② Miguel dijo que hacía mucho frío (　　　　).
　ミゲル　ディホ　ケ　アシーア　ムーチョ　フリーオ
　あそこはとても寒かったとミゲルは言った。

③ Carlos dijo que (　　　　) libro no era interesante.
　カルロス　ディホ　ケ　　　　　　リブロ　ノ　エラ　インテレサンテ
　あの本はおもしろくなかったとカルロスは言った。

aquel	allí	al día siguiente
アケル	アジ	アル ディア シギエンテ

間接疑問文

2種類の直接疑問文

疑問文には、直接疑問文と間接疑問文があります。まず、直接疑問文を見てみましょう。直接疑問文は、文の前後に必ず疑問符 **¿ ?** がついています。

直接疑問文には、疑問詞のないものと疑問詞のあるものがあります。

¿Habla Ud. español? あなたはスペイン語を話せますか？
　アブラ　ウステッ　エスパニョール
　　　　　疑問詞がありません。

¿Cuándo sale el tren? 電車はいつ出ますか？
　クアンド　　サレ　エル　トレン
　　　　　疑問詞があります。

主節と従属節からなる間接疑問文

間接疑問文とは、上のような直接疑問文が従属節になったもののことです。

No sé（私はわからない）という文と上の2つの文をつないで、間接疑問文を作ってみましょう。

No sé si habla Ud. español.
　ノ　セ　シ　アブラ　ウステッ　エスパニョール
あなたがスペイン語を話せるかどうか私はわからない。

No sé cuándo sale el tren. 電車がいつ出るか私はわからない。
　ノ　セ　　クアンド　　サレ　エル　トレン

この場合、**No sé** の部分を主節といい、**si** 以下と **cuándo** 以下を従属節といいます。従属節になった疑問文は、名詞として機能する名詞節です。

❶ 疑問詞のない疑問文

疑問詞のない疑問文を間接疑問文にする場合は、主節と従属節をつなぐ接続詞 **si**（〜かどうか）が必要です。

主節は現在で、従属節は未来になっています。

No sé si él vendrá a verme hoy.
ノ　セ　シ　エル　　ベンドラ　ア　ベールメ　　オイ

今日彼が私に会いに来るかどうかわかりません。

Él me preguntó si quería tomar algo.
エル　メ　　プレグント　シ　ケリーア　　トマール　アルゴ

彼は私に何か飲みたいかどうか聞いた。

❷ 疑問詞のある疑問文

疑問詞のある疑問文を間接疑問文にする場合は、疑問詞が主節と従属節をつなぐ接続詞の役割をします。疑問詞には **qué** ／ **dónde** ／ **cuándo** ／ **quién** ／ **cuánto** などがあります。前置詞がつく場合も、よくあります。

¿Sabe Ud. a qué hora sale este tren?
サベ　ウステッ　ア　ケ　　オラ　　サレ　　エステ　トレン

この電車が何時に出発するかご存じですか？

Dime dónde vives.
ディメ　　　ドンデ　　ビベス

きみがどこに住んでいるか僕に教えてくれ。

No sé quién eres ni a qué vienes.
ノ　セ　キエン　エレス　ニ　ア　ケ　　ビエネス

きみがだれで、何のために来たのか私は知らない。

yの否定形です。（第54課参照）

これも時制の一致です。主節は点過去で、従属節は線過去です。

Me preguntaron cuánto costaba esta blusa.
メ　　プレグンタロン　　クアント　コスターバ　エスタ　ブルーサ

このブラウスはいくらだったか私はたずねられた。

＊〈疑問詞 + 不定詞〉は「〜すべき」という意味です。

No sé cómo abrir esta caja.
ノ　セ　コモ　アブリール　エスタ　カハ

私はこの箱をどのようにあけるのかわからない。

Me enseñaron por dónde entrar.
メ　　エンセニャロン　　ポル　ドンデ　　エントラール

どこから入ればいいか、私は教えてもらった。

Check

名詞や形容詞の語尾に **-ón**、**-ote** などがつくと、「大きな、ぶかっこうな」というニュアンスが加わります。これを「増大辞」といいます。軽蔑の意味が加わることが多いので、使う場合には注意が必要です。

cuchara → cucharón（さじ → 大さじ）
クチャーラ　　　クチャロン

casa → casón（家 → ばかでかい家）
カサ　　　カソン

grande → grandote（大きい → ばかでかい）
グランデ　　　グランドーテ

1 間接疑問文の最初の部分だけが書いてあります。完成させましょう。

① ¿Tiene novio Rocío?　ロシーオは恋人がいますか？
ティエネ　ノビオ　ロシーオ

　　No sé _____
　　ノ　セ

② ¿Está en casa Macarena?　マカレナは家にいますか？
エスタ　エン　カサ　マカレーナ

　　Me preguntaron _____
　　メ　プレグンタロン

③ ¿Qué hay en esta caja?　この箱の中に何がありますか？
ケ　アイ　エン　エスタ　カハ

　　Me preguntaron _____
　　メ　プレグンタロン

④ ¿Cuándo vuelve su madre?　あなたのお母さんは何時に帰って来ますか？
クアンド　ブエルベ　ス　マドレ

　　No sé _____
　　ノ　セ

⑤ ¿Cuántos años tiene tu padre?　きみのお父さんは何歳ですか？
クアントス　アーニョス　ティエネ　トゥ　パドレ

　　No sé _____
　　ノ　セ

第48課の単語（P205～P206）•••••••••••••••••••••

preguntar　質問する
プレグンタール
caja　箱
カハ
novio　恋人
ノビオ

206

Mini-diálogo

Ana : **Oye, Juan, ¿sabes cuántos años tiene Roberto?**
オジェ フアン サベス クアントス アーニョス ティエネ ロベルト

Juan : **No sé. No me interesa nada cuántos años tiene él.**
ノ セ ノ メ インテレサ ナダ クアントス アーニョス ティエネ エル

Ana : **Tiene 35 años. Parece muy joven.**
ティエネ トレインタイシンコ アーニョス パレセ ムイ ホベン

Juan : **¿Y qué pasa?**
イ ケ パサ

Ana : **Nada..., es que una amiga mía siente interés**
ナダ エス ケ ウナ アミーガ ミア シエンテ インテレス

　　　hacia Roberto y me preguntó si está casado,
アシア ロベルト イ メ プレグント シ エスタ カサード

　　　si tiene novia, cuántos años tiene, etcétera.
シ ティエネ ノビア クアントス アーニョス ティエネ エトセテラ

Juan : **Huum... Deja, deja, es un donjuán.**
ウーン デハ デハ エス ウン ドンフアン

小説の主人公の名前。
「女たらし」の代名詞
になっています。

●日本語訳●

アナ ：ねえ、フアン。ロベルトって何歳か知ってる？

フアン：いいや。彼が何歳かなんて、ぼくにはまったく興味がな
　　　　いね。

アナ ：35歳なんですって。彼はすごく若く見えるわね。

フアン：それがどうしたっていうの？

アナ ：べつに……。あのね、私のある友だちがロベルトに気が
　　　　あって、彼は結婚しているのか、恋人はいるのか、何歳
　　　　なのかとか、私にいろいろたずねたわけ。

フアン：ふうん。やめとけ、やめとけ、彼はドン・フアンだよ。

第48課の単語（P207） ●●●●●●●●●●●●●●●●●●●●●●●●●●●●

¿Qué pasa? どうしたんだ？
ケ パサ

interés 興味、関心
インテレス

donjuán 女たらし
ドンフアン

接続法① 接続法現在の規則活用

接続法と直説法の違い

　これまでに学んできた動詞の活用は、全部直説法といわれるものです。この課から新しいステージに移り、接続法について学びます。直説法は行為、状態などを客観的事実として述べます。一方、接続法は話し手の感情や判断、評価など、主観を表すときに使います。直説法が「事実モード」であるのに対して、接続法は「ハート・モード」だと区別している文法書もあります。

接続法の用法

　接続法は主に名詞節、形容詞節、副詞節で使われますが、独立文で使われることもあります。実際の用例を見ましょう。

❶ 接続法が名詞節で使われる場合

Siento mucho que Ud. no esté bien. Espero que se mejore pronto.
シエント　ムーチョ　ケ ウステッ ノ エステ ビエン　エスペロ　　ケ　セ　メホーレ　プロント
あなたは体調がよくないようで、お気の毒です。早く元気になってください。

　主節の動詞が **sentir** のように感情を表したり、**esperar** のように期待を表す場合は、名詞節の動詞は接続法になります。

❷ 独立文に使われる場合（願望を表す）

¡Que aproveche!　たっぷり召し上がれ。（食事をする人にかけることば）
ケ　　　アプロベチェ　　　日本語の「いただきます」にあたる表現は、スペイン語には
　　　　　　　　　　　　　ありません。これは「どうぞ召し上がれ」にあたります。
¡Ojalá que haga buen tiempo!　よい天気になりますように。
オハラ　　ケ　　アガ　　ブエン　ティエンポ

❸ 接続法の動詞をくり返して「たとえ～でも」という意味で使う場合

Quieras o no quieras, tienes que hacerlo.
キエラス　オ ノ　キエラス　ティエネス　ケ　　アセールロ
好むと好まないにかかわらず、きみはそれをしなきゃいけない。

Pase lo que pase, vamos a casarnos.　何があろうと、私たちは結婚します。
パセ　ロ　ケ　パセ　バモス　ア　カサールノス
　　　この２つは、慣用表現として覚えておくと便利です。

規則活用する動詞

　直説法現在の 1 人称単数が **-o** で終わる動詞は、最後の **-o** をとって、次のような活用語尾をつけます。

	-ar 動詞（hablar）		-er 動詞と -ir 動詞（comer）	
	活用語尾	活用例	活用語尾	活用例
1人称単数	-e	hable アブレ	-a	coma コマ
2人称単数	-es	hables アブレス	-as	comas コマス
3人称単数	-e	hable アブレ	-a	coma コマ
1人称複数	-emos	hablemos アブレモス	-amos	comamos コマモス
2人称複数	-éis	habléis アブレイス	-áis	comáis コマイス
3人称複数	-en	hablen アブレン	-an	coman コマン

　規則活用でも、次のような動詞はつづりの法則上（第 1 課参照）、活用語尾が次のように変わります。

-ar 動詞	alcanzar → alcance, alcances, alcance... アルカンサール　　アルカンセ　　アルカンセス　　アルカンセ sacar → saque, saques, saque... サカール　　サケ　　サケス　　サケ pagar → pague, pagues, pague... パガール　　パゲ　　パゲス　　パゲ
-er 動詞 と -ir 動詞	vencer → venza, venzas, venza... ベンセール　　ベンサ　　ベンサス　　ベンサ coger → coja, cojas, coja, cojamos... コヘール　　コハ　　コハス　　コハ　　コハモス distinguir → distinga, distingas... ディスティンギール　　ディスティンガ　　ディスティンガス

名詞節における接続法の用法

　208 ページで、名詞節の例をいくつかあげましたが、さらに詳しく見てみましょう。いろいろな決まりがありますが、ここでは最もよく使われるものだけをとりあげます。

❶ 主動詞が次のような場合、**que** 以下の名詞節では接続法が使われる

● 感情を表す（**sentir** 残念に思う／ **alegrarse** 喜ぶ／ **temer** 恐れる　など）

● 期待・願望を表す（**esperar** 期待する／**querer** 望む／**desear** 願う　など）

● 命令・勧告を表す（**mandar** 命じる／ **aconsejar** 助言する　など）

● 依頼・懇願を表す（**pedir** 頼む／ **rogar** 懇願する　など）

● 禁止を表す（**prohibir** 禁止する　など）

El médico le ha aconsejado que no beba.
エル　メディコ　レ　ア　アコンセハード　ケ　ノ　ベバ
医者は彼に酒を飲まないように勧めた。（勧告）

Le pido que guarde en secreto este asunto.
レ　ピド　ケ　グアルデ　エン　セクレート　エステ　アスント
この件を秘密にするように、私はあなたにお願いする。（懇願）

salir の接続法現在です。

Mis padres me prohíben que salga con Pedro.
ミス　パドレス　メ　プロイーベン　ケ　サルガ　コン　ペドロ
両親はペドロとつきあうのを私に禁じている。（禁止）

❷ 次の文の **que** 以下の名詞節では接続法が使われる（**que** 以下の名詞節は **ser** の主語になる）

● **ser natural que ...**（〜はもっともである）

● **ser mejor que ...**（〜がよりよい）

● **ser posible que ...**（〜の可能性がある）

Es natural que todos estén enfadados conmigo.
エス　ナトゥラル　ケ　トードス　エステン　エンファダードス　コンミーゴ
みんなが私に腹を立てているのも無理はない。

irse の接続法現在です。

Es mejor que te vayas.　きみは帰ったほうがいい。
エス　メホール　ケ　テ　バジャス

venir の接続法現在です。

Es posible que Pedro no venga mañana.　明日、ペドロは来ない可能性がある。
エス　ポシブレ　ケ　ペドロ　ノ　ベンガ　マニャーナ

練習問題　●解答は P238

1 （　　　）の動詞を適切な形にしましょう。

① Me alegro mucho de que toda su familia (estar) bien.
メ　アレグロ　ムーチョ　デ　ケ　トーダ　ス　ファミリア　ビエン
あなたのご家族がお元気とのこと、うれしく存じます。

② Te aconsejo que (ir) al médico.
テ　アコンセホ　ケ　　　　アル　メディコ
医者に行くようにきみにアドバイスするよ。

③ Mis padres me prohíben que yo (vivir) con Manolo.
ミス　パドレス　メ　プロイーベン　ケ　ジョ　　　　コン　マノーロ
私がマノーロと住むのを両親は私に禁じている。

④ Le pido que me (ayudar).
レ　ピド　ケ　メ
私を助けてくださるようにあなたにお願いします。

⑤ Es mejor que tú (volver) a casa pronto.
エス　メホール　ケ　トゥ　　　　　ア　カサ　プロント
きみは早く家に帰るほうがいい。

2 次の文をスペイン語にしましょう。

① 明日は雨が降る可能性がある。

_____

② もっと勉強するように先生は私に忠告した。

_____

_____

第49課の単語（P208 ～ P210）••••••••••••••••••••••••••••••••

mejorarse 快方に向かう
メホラールセ
ojalá どうか～しますように
オハラ
guardar 守る
グアルダール

secreto 秘密
セクレート
asunto 事柄
アスント
enfadado 怒った（← enfadar）
エンファダード

Mini-diálogo

Ana : **Siento mucho que tu madre esté enferma.**
シエント　ムーチョ　ケ　トゥ　マドレ　エステ　エンフェルマ

Juan : **Sí, tiene fiebre y le duele la cabeza.**
シィ　ティエネ　フィエブレ　イ　レ　ドゥエレ　ラ　カベサ

Tiene tos también. Es posible que esté resfriada.
ティエネ　トス　タンビエン　エス　ポシブレ　ケ　エステ　レスフリアーダ

Ana : **¿Fue al médico?**
フエ　アル　メディコ

Juan : **No, solamente toma unas pastillas.**
ノ　ソラメンテ　トマ　ウナス　パスティージャス

Ana : **Te aconsejo que la lleves al médico.**
テ　アコンセホ　ケ　ラ　ジェベス　アル　メディコ

Juan : **Sí, voy a acompañarla esta tarde.**
シィ　ボイ　ア　アコンパニャールラ　エスタ　タルデ

Ana : **Espero que se mejore pronto.**
エスペロ　ケ　セ　メホーレ　プロント

●日本語訳●

アナ	：お母さんが病気だそうで、お気の毒ね。
フアン	：そうなんだ。熱があって、頭が痛いんだ。せきも出る。かぜかもしれない。
アナ	：病院へいらしたの？
フアン	：いいや。薬を飲んでるだけだ。
アナ	：病院に連れて行くよう、あなたにアドバイスするわ。
フアン	：そうだね、今日の午後付き添って行くよ。
アナ	：早くよくなられますように。

第49課の単語（P212）●●●●●●●●●●●●●●●●●●●●●●●●●

enfermo　病気にかかった
エンフェルモ

tos　せき
トス

pastilla　錠剤
パスティージャ

llevar　連れて行く
ジェバール

212

接続法② 接続法を使う命令

接続法を使った命令

2人称の **tú** と **vosotros** に対する肯定命令については、第31課で学びました。さて、肯定命令では3人称の **Ud.** と **Uds.** に接続法を使います。そして、否定命令では全人称で接続法を使います。

❶ 命令形（**hablar**） この2つは直説法です。

	肯定命令	否定命令		肯定命令	否定命令
tú	**habla** アブラ	**no hables** ノ アブレス	**vosotros**	**hablad** アブラッ	**no habléis** ノ アブレイス
Ud.	**hable** アブレ	**no hable** ノ アブレ	**Uds.**	**hablen** アブレン	**no hablen** ノ アブレン

〈肯定命令〉

Habla despacio.
アブラ　デスパシオ
きみ、ゆっくり話してくれ。

Hable despacio.
アブレ　デスパシオ
あなた、ゆっくり話してください。

Hablad despacio.
アブラッ　デスパシオ
きみたち、ゆっくり話してくれ。

Hablen despacio.
アブレン　デスパシオ
あなた方、ゆっくり話してください。

〈否定命令〉

No hables despacio.
ノ　アブレス　デスパシオ
きみ、ゆっくり話さないでくれ。

No hable despacio.
ノ　アブレ　デスパシオ
あなた、ゆっくり話さないでください。

No habléis despacio.
ノ　アブレイス　デスパシオ
きみたち、ゆっくり話さないでくれ。

No hablen despacio.
ノ　アブレン　デスパシオ
あなた方、ゆっくり話さないでください。

❷ 人称代名詞と命令形

肯定命令で目的語が人称代名詞になる場合は、動詞と結合します。ただし、否定命令では人称代名詞は動詞の前にきます。

直接目的語を人称代名詞に置き換えると、次のようになります。

Canta esta canción.　この歌を歌いなさい。
カンタ　エスタ　カンシオン

〈肯定命令〉 　　　　　　　　　　　　〈否定命令〉

Cántame esta canción.　　　　　**No me cantes esta canción.**
カンタメ　エスタ　カンシオン　　　　　ノ　メ　カンテス　エスタ　カンシオン
きみ、私にこの歌を歌ってくれたまえ。　　きみ、私にこの歌を歌わないでくれたまえ。
↓　　　　　　　　　　　　　　　　　　↓
Cántamela.　　　　　　　　　　　No me la cantes.
カンタメラ　　　　　　　　　　　　　ノ　メ　ラ　カンテス

Cánteme esta canción.　　　　　**No me cante esta canción.**
カンテメ　エスタ　カンシオン　　　　　ノ　メ　カンテ　エスタ　カンシオン
あなた、私にこの歌を歌ってください。　　あなた、私にこの歌を歌わないでください。
↓　　　　　　　　　　　　　　　　　　↓
Cántemela.　　　　　　　　　　　No me la cante.
カンテメラ　　　　　　　　　　　　　ノ　メ　ラ　カンテ

Cantadme esta canción.　　　　**No me cantéis esta canción.**
カンタッメ　エスタ　カンシオン　　　　ノ　メ　カンテイス　エスタ　カンシオン
きみたち、私にその歌を歌ってくれたまえ。　きみたち、私にその歌を歌わないでくれたまえ。
↓　　　　　　　　　　　　　　　　　　↓
Cantádmela.　　　　　　　　　　No me la cantéis.
カンタッメラ　　　　　　　　　　　　ノ　メ　ラ　カンテイス

Cántenme esta canción.　　　　**No me canten esta canción.**
カンテンメ　エスタ　カンシオン　　　　ノ　メ　カンテン　エスタ　カンシオン
あなた方、私にこの歌を歌ってください。　あなた方、私にこの歌を歌わないでください。
↓　　　　　　　　　　　　　　　　　　↓
Cántenmela.　　　　　　　　　　No me la canten.
カンテンメラ　　　　　　　　　　　　ノ　メ　ラ　カンテン

❸ 再帰動詞の命令形（**lavarse**）
　　　　　　　　　　　　　ラバールセ

	肯定命令	否定命令		肯定命令	否定命令
tú	lávate ラバテ	no te laves ノ　テ　ラベス	vosotros	lavaos ラバオス	no os lavéis ノ　オス　ラベイス
Ud.	lávese ラベセ	no se lave ノ　セ　ラベ	Uds.	lávense ラベンセ	no se laven ノ　セ　ラベン

肯定命令では再帰代名詞が
動詞の後ろに直結します。

214

Lávate la cara. → Lávatela. 　きみ、顔を洗えよ。
ラバテ　ラ　カラ　　　　ラバテラ

No te laves la cara. → No te la laves. 　きみ、顔を洗うな。
ノ　テ　ラベス　ラ　カラ　　　　ノ　テ　ラ　ラベス

Lávese la cara. → Lávesela. 　あなた、顔を洗ってください。
ラベセ　ラ　カラ　　　　ラベセラ

No se lave la cara. → No se la lave. 　あなた、顔を洗わないでください。
ノ　セ　ラベ　ラ　カラ　　　　ノ　セ　ラ　ラベ

Lavaos la cara. → Laváosla. 　きみたち、顔を洗えよ。
ラバオス　ラ　カラ　　　　ラバオスラ

No os lavéis la cara. → No os la lavéis. 　きみたち、顔を洗うな。
ノ　オス　ラベイス　ラ　カラ　　　　ノ　オス　ラ　ラベイス

Lávense la cara. → Lávensela. 　あなた方、顔を洗ってください。
ラベンセ　ラ　カラ　　　　ラベンセラ

No se laven la cara. → No se la laven. 　あなた方、顔を洗わないでください。
ノ　セ　ラベン　ラ　カラ　　　　ノ　セ　ラ　ラベン

1人称複数の命令形

「私たち」（**nosotros**）に対する命令に接続法が使われることがあります。その形は、**hablar** なら **hablemos**、**escribir** なら **escribamos** となります。

これらは〈**vamos a...**〉を使って言い換えることができます。

Hablemos más despacio. → Vamos a hablar más despacio.
アブレモス　マス　デスパシオ　　バモス　ア　アブラール　マス　デスパシオ
もっとゆっくり話しましょう。

Cantemos esta canción. → Vamos a cantar esta canción.
カンテモス　エスタ　カンシオン　　バモス　ア　カンタール　エスタ　カンシオン
この歌を歌いましょう。

日常の話しことばでは、**"Vamos a..."** の形がよく使われます。

1　次の命令形の表を完成させましょう。

① venir（来る）

人称	肯定	否定
tú	ven	no vengas
Ud.		
vosotros		
Uds.		

② irse（立ち去る）

人称	肯定	否定
tú	vete	no te vayas
Ud.		
vosotros		
Uds.		

2　次の（　）の動詞を命令形にしましょう。

① (Esperar) Ud. un momento.　少々お待ちください。
　　　　　　ウステッ　ウン　　　モメント

② (Abrir) Ud. la ventana, por favor.　どうぞ窓をあけてください。
　　　　ウステッ　ラ　　ベンターナ　　ポル　ファボール

③ No (hablar + me) tan alto.
　　ノ　　　　　　　　　　　タン　アルト
　きみ、そんな大声で私に話さないでくれ。

④ No (levantarse) Ud. tan tarde.
　　ノ　　　　　　　ウステッ　タン　　タルデ
　そんなに遅く起きないでください。

⑤ No (darse) Ud. tanta prisa.
　　ノ　　　　　ウステッ　タンタ　　プリサ
　そんなにお急ぎにならないでください。

第50課の単語（P216〜P217）●●●●●●●●●●●●●●●●●●●●●●●●●●●●●●●●

prisa　迅速
　プリサ
darse prisa　急ぐ
　ダールセ　プリサ
diseñador gráfico　グラフィック・デザイナー
　ディセニャドール　グラフィコ
dígame　（電話を受けて）もしもし
　ディガメ
¿Me podría poner con...?　〜さんをお願いしたいのですが。
　メ　ポドリーア　ポネール　コン
¿De parte de quién?　どちらさまですか？
　デ　パルテ　デ　キエン
¿Quiere Ud. dejar un mensaje?　何か伝言を残されますか？
　キエレ　ウステッ　デハール　ウン　　メンサヘ

216

Mini-diálogo

□□□はすべて電話の慣用表現です。

Secretaria: **Hispánica. ¿Dígame?**
イスパニカ　ディガメ

Sr. López: **Buenos días. ¿Me podría poner con la Sra. Conde?**
ブエノス　ディアス　メ　ポドリーア　ポネール　コン　ラ　セニョーラ　コンデ

Secretaria: **Lo siento. Ahora está en una reunión.**
ロ　シエント　アオラ　エスタ　エン　ウナ　レウニオン
¿De parte de quién?
デ　パルテ　デ　キエン

Sr. López: **Soy López. Antonio López, diseñador gráfico.**
ソイ　ロペス　アントニオ　ロペス　ディセニャドール　グラフィコ

Secretaria: **Sr. López ..., ¿quiere Ud. dejar un mensaje?**
セニョール　ロペス　キエレ　ウステッ　デハール　ウン　メンサヘ

Sr. López: **Sí. Dígale que me llame.**
シィ　ディガレ　ケ　メ　ジャメ

Secretaria: **De acuerdo. Se lo diré.**
デ　アクエルド　セ　ロ　ディレ

Sr. López: **Gracias. Adiós.**
グラシアス　アディオス

Secretaria: **Adiós, buenos días.**
アディオス　ブエノス　ディアス

●日本語訳●

秘書　：はい、イスパニカ社です。
ロペス：おはようございます。コンデさんをお願いしたいのですが。
秘書　：申しわけありません。ただいま会議中です。どちらさまですか？
ロペス：ロペス、グラフィック・デザイナーのアントニオ・ロペスです。
秘書　：ロペスさん……、何か伝言を残されますか？
ロペス：はい。電話をくださいとお伝えください。
秘書　：わかりました。そう伝えます。
ロペス：ありがとう。では。
秘書　：では。

接続法③ 接続法現在の不規則活用

不規則活用する動詞

語根母音が変化する動詞については、
第18課を復習しましょう。

❶ 直説法で語根母音が変化する動詞は、接続法でも同じように変化します。

		直説法現在1人称	接続法現在の活用		
-ar 動詞	**cerrar** セラール 閉める	**cierro** シエロ	**cierre** シエレ	**cierres** シエレス	**cierre** シエレ
			cerremos セレモス	**cerréis** セレイス	**cierren** シエレン
	contar コンタール 語る	**cuento** クエント	**cuente** クエンテ	**cuentes** クエンテス	**cuente** クエンテ
			contemos コンテモス	**contéis** コンテイス	**cuenten** クエンテン
-er 動詞	**poder** ポデール できる	**puedo** プエド	**pueda** プエダ	**puedas** プエダス	**pueda** プエダ
			podamos ポダモス	**podáis** ポダイス	**puedan** プエダン
	perder ペルデール 失う	**pierdo** ピエルド	**pierda** ピエルダ	**pierdas** ピエルダス	**pierda** ピエルダ
			perdamos ペルダモス	**perdáis** ペルダイス	**pierdan** ピエルダン
-ir 動詞	**pedir** ペディール 頼む	**pido** ピド	**pida** ピダ	**pidas** ピダス	**pida** ピダ
			pidamos ピダモス	**pidáis** ピダイス	**pidan** ピダン

❷ 直説法現在1人称を基本にして活用する動詞は次のとおりです。

	直説法現在1人称	接続法現在の活用		
hacer アセール 作る	**hago** アゴ	**haga** アガ	**hagas** アガス	**haga** アガ
		hagamos アガモス	**hagáis** アガイス	**hagan** アガン
tener テネール 持つ	**tengo** テンゴ	**tenga** テンガ	**tengas** テンガス	**tenga** テンガ
		tengamos テンガモス	**tengáis** テンガイス	**tengan** テンガン

poner, venir, salir なども
同じような活用をします。

❸ 直説法現在1人称の語尾が **-o** でない動詞は完全な不規則変化です。

	直説法現在1人称	接続法現在の活用		
ir イール 行く	**voy** ボイ	**vaya** バジャ **vayamos** バジャモス	**vayas** バジャス **vayáis** バジャイス	**vaya** バジャ **vayan** バジャン
ser セール 〜です	**soy** ソイ	**sea** セア **seamos** セアモス	**seas** セアス **seáis** セアイス	**sea** セア **sean** セアン
saber サベール 知る	**sé** セ	**sepa** セパ **sepamos** セパモス	**sepas** セパス **sepáis** セパイス	**sepa** セパ **sepan** セパン

接続法が副詞節で使われる場合

「〜するとき」や「〜するために」など、副詞節は接続詞によって導かれます。接続詞には、副詞節の動詞を接続法にしなければいけないものと、直説法でも接続法でもよいものがあります。

❶ **必ず接続法を要求する接続詞**

antes de que（〜する前に）や **para que**（〜するために）などです。

Antes de que él termine este trabajo, no podemos salir.
アンテス デ ケ エル テルミネ エステ トラバホ ノ ポデモス サリール
彼がこの仕事を終える前は、私たちは出かけられません。

Traigo unas fotos de la fiesta para que las veáis.
トライゴ ウナス フォトス デ ラ フィエスタ パラ ケ ラス ベアイス
きみたちに見てもらうために、私はパーティーの写真を何枚か持って来ている。

❷ **副詞節の内容によって直説法にも接続法にもなる接続詞**

cuando や **aunque**（たとえ〜しても）など、たくさんあります。

Cuando hace buen tiempo, voy de paseo.
クアンド アセ ブエン ティエンポ ボイ デ パセオ
天気がよいとき、私は散歩します。（具体的な事実・習慣）

Cuando vayas a España, visita el Museo del Prado.
クアンド バジャス ア エスパーニャ ビシタ エル ムセオ デル プラド
スペインへ行くことがあったら、プラド美術館へ行きたまえ。（仮定、不確かな場合）

「いつ行くかわからないが、もし行くことがあったら」というニュアンスで、具体性がなく仮定性が高いので、接続法にします。

1 次の動詞を接続法現在で活用させましょう。

① poner（置く）＿＿＿＿＿＿　＿＿＿＿＿＿＿＿＿＿＿＿＿
ポネール

② empezar（始める）＿＿＿＿＿＿＿＿＿＿＿＿＿＿＿＿＿＿＿
エンペサール

③ sentar（座る）＿＿＿＿＿＿＿＿＿＿＿＿＿＿＿＿＿＿＿＿
センタール

④ sentir（感じる）＿＿＿＿＿＿＿＿＿＿＿＿＿＿＿＿＿＿＿＿
センティール

⑤ querer（望む）＿＿＿＿＿＿＿＿＿＿＿＿＿＿＿＿＿＿＿＿
ケレール

⑥ pedir（頼む）＿＿＿＿＿＿＿＿＿＿＿＿＿＿＿＿＿＿＿＿＿
ペディール

2 （　）の動詞を適切な形にしましょう。

① Hable más despacio, para que todos (entender) bien.
アブレ　マス　デスパシオ　パラ　ケ　トードス　　　ビエン
みんながよく理解できるように、ゆっくり話してください。

② Aunque (llover) hoy, voy de compras.
アウンケ　　　　オイ　ボイ　デ　コンプラス
たとえ今日雨が降っても、私は買い物に行きます。

③ Antes de que (venir) mi madre, tengo que limpiar la casa.
アンテス　デ　ケ　　　　ミ　マドレ　テンゴ　ケ　リンピアール　ラ　カサ
母が来る前に、私は家の掃除をしなければなりません。

④ Cuando (estar) en casa, oigo música.
クアンド　　　エン　カサ　オイゴ　ムシカ
私は家にいるときは、音楽を聞いています。

第51課の単語（P219～P220）●●●●●●●●●●●●●●●●●●●●●●●●●

visitar　訪れる
ビシタール
compra　買い物
コンプラ
ir de compras　買い物に行く
イール デ　コンプラス

220

接続法④ 過去と完了時制

接続法過去の活用と用法

❶ 活用の種類

　-se 形と -ra 形の 2 つの活用形があります。活用形の作り方は、直説法の点過去・3 人称複数形から最後の ron を取り除き、その語幹に -se 形、あるいは -ra 形の活用語尾をつけます。

　hablar の場合は、点過去 3 人称複数形の hablaron から ron を取った habla が、語幹になります。

	-ra 形		-se 形	
	活用語尾	活用形	活用語尾	活用形
1人称単数	-ra	**hablara** アブラーラ	-se	**hablase** アブラセ
2人称単数	-ras	**hablaras** アブラーラス	-ses	**hablases** アブラセス
3人称単数	-ra	**hablara** アブラーラ	-se	**hablase** アブラセ
1人称複数	-ramos	**habláramos** アブラーラモス	-semos	**hablásemos** アブラセモス
2人称複数	-rais	**hablarais** アブラーライス	-seis	**hablaseis** アブラセイス
3人称複数	-ran	**hablaran** アブラーラン	-sen	**hablasen** アブラセン

＊不規則活用はありません。すべての動詞が、この原則どおりに活用します。

＊1人称複数では、habláramos ／ hablásemos のようにアクセント記号が必要です。忘れないように注意しましょう。

＊直説法では点過去と線過去がありますが、接続法過去は1種類だけです。

❷ 用法

-ra 形と -se 形は原則的にはどちらを使ってもかまいません。ただし、-se 形を使ってはいけない場合があるので、-ra 形を使うようにしましょう。

● 従属節で使われる場合

主動詞と時制が一致して使われます。

hablé に時制が一致して接続法過去。

Hablé despacio para que todos me entendieran (entendiesen).
アブレ　　デスパシオ　　バラ　　ケ　　トードス　メ　エンテンディエラン　　エンテンディエセン

皆さんが私の話がわかるように、私はゆっくり話しました。

上の文と比較してみましょう。

hablo に時制が一致して接続法現在。

Hablo despacio para que todos me entiendan.
アブロ　　デスパシオ　　バラ　　ケ　　トードス　メ　エンティエンダン

皆さんが私の話がわかるように、私はゆっくり話します。

Era natural que Elena llorase entonces.
エラ　　ナトゥラル　　ケ　　エレーナ　　ジョラセ　　エントンセス

そのときエレーナが泣いたのは当然だった。

● 物事をていねいに言う婉曲表現

この場合は -ra 形を使います。

Quisiera pedirle un favor.　あなたにお願いしたいことがあるのですが。
キシエラ　　ペディールレ　ウン　ファボール

Quisiera invitarles a mi casa.　あなた方を自宅にお招きしたいのですが。
キシエラ　　インビタールレス　ア　ミ　カサ

● 現在の事実に反する願望を表す願望文

¡Ojalá estuviera mi madre aquí!　ああ、ここに母がいたらなあ！
オハラ　　エストゥビエラ　　ミ　マドレ　　アキ

¡Si me tocara la lotería!　宝くじが当たったらなあ！
シ　メ　トカーラ　ラ　ロテリーア

● 現在の事実と反対の仮定を述べる非現実的条件文の条件節（次の課を参照）

接続法の完了時制の活用と用法

接続法の完了時制には、現在完了と過去完了があります。まず、それぞれの活用形の作り方を見ましょう。

222

❶ 現在完了形……haber の接続法現在 + 動詞の過去分詞

	単数	複数
1人称	**haya hablado** アジャ　アブラード	**hayamos hablado** アジャモス　アブラード
2人称	**hayas hablado** アジャス　アブラード	**hayáis hablado** アジャイス　アブラード
3人称	**haya hablado** アジャ　アブラード	**hayan hablado** アジャン　アブラード

❷ 過去完了形……haber の接続法過去 + 動詞の過去分詞

	単数	複数
1人称	**hubiera (hubiese) hablado** ウビエラ　ウビエセ　アブラード	**hubiéramos (hubiésemos) hablado** ウビエラモス　ウビエセモス　アブラード
2人称	**hubieras (hubieses) hablado** ウビエラス　ウビエセス　アブラード	**hubierais (hubieseis) hablado** ウビエライス　ウビエセイス　アブラード
3人称	**hubiera (hubiese) hablado** ウビエラ　ウビエセ　アブラード	**hubieran (hubiesen) hablado** ウビエラン　ウビエセン　アブラード

❸ 接続法完了形の用法

次のように主動詞との時制の一致の決まりにそって使われます。

Siento mucho que se haya roto una pierna.
シエント　ムーチョ　ケ　セ　アジャ　ロト　ウナ　ビエルナ
足を骨折なさってお気の毒です。（現在完了）

Sentía mucho que se hubiera (hubiese) roto una pierna.
センティア　ムーチョ　ケ　セ　ウビエラ　ウビエセ　ロト　ウナ　ビエルナ
足を骨折なさったのはお気の毒でした。（過去完了）

Es extraño que Carmen no me lo haya dicho.
エス　エストラーニョ　ケ　カルメン　ノ　メ　ロ　アジャ　ディチョ
カルメンが私にそれを言わなかったのはへんだ。（現在完了）

Era extraño que Carmen no me lo hubiera (hubiese) dicho.
エラ　エストラーニョ　ケ　カルメン　ノ　メ　ロ　ウビエラ　ウビエセ　ディチョ
カルメンが私にそれを言わなかったのはへんだったんだ。（過去完了）

1　ser と poder の接続法の１人称の活用を書きましょう。

	ser		poder	
	単数	複数	単数	複数
過去 (ra 形)				
現在完了				
過去完了				

2　(　　) の動詞を適切な形にしましょう。③④ は指示した時制にしてください。

No creo que のあとの動詞は接続法です。

① No creía que lo (saber) mis padres.
ノ　クレイーア　ケ　ロ　　　　ミス　パドレス
私の両親がそれを知っていると思わなかった。

② Temía que nadie (poder) hacerlo.
テミーア　ケ　ナディエ　　　　アセールロ
私はだれもそれができないのではないかと心配した。

③ Me alegro mucho de que mi hijo (aprobar) el examen.
メ　アレグロ　ムーチョ　デ　ケ　ミ　イホ　　　　エル　エクサメン
息子が試験に受かってとてもうれしい。(現在完了)

④ Yo no creía que Pedro lo (hacer) con intención.
ジョ　ノ　クレイーア　ケ　ペドロ　ロ　　　　コン　インテンシオン
ペドロがそれをわざとやったのだなんて、私は思っていなかった。(過去完了)

第52課の単語 (P223 ～ P224) ●●●●●●●●●●●●●●●●●●●●●●●●●●●●●

pierna 足（ひざから足首までの部分）
ピエルナ
extraño 奇妙な、おかしい
エストラーニョ
alegrarse de ～を喜ぶ
アレグラールセ　デ

examen 試験
エクサメン
intención 意向
インテンシオン
con intención わざと
コン　インテンシオン

224

非現実的条件文

条件節と帰結節からなる条件文

　ある条件が成り立つものと仮定して、その仮定にもとづいて結論を述べる文を条件文といいます。そして、「もし～ならば」と条件を述べる節を**条件節**、「～である」と結論を述べる節を**帰結節**といいます。

　条件文は、実現する可能性があるか、ないかによって、**現実的条件文**と**非現実的条件文**に分かれます。

〈条件節〉　　　　　　　　〈帰結節〉

Ⓐ Si hace buen tiempo mañana, voy a la montaña. → 現実的条件
シ　アセ　ブエン　ティエンポ　マニャーナ　ボイ　ア　ラ　モンターニャ
もし明日天気がよければ、私は山登りをします。

Ⓑ Si yo fuera ella, no compraría esa blusa. → 非現実的条件文
シ　ジョ　フエラ　エジャ　ノ　コンプラリーア　エサ　ブルーサ
もし私が彼女だったら、そんなブラウスを買わないだろう。

　Ⓐのように、条件節で「実際によい天気になるかもしれない」と、実現の可能性の高いことを述べているものが、現実的条件文です。それに対して、Ⓑのように「私が彼女だったら」という、不可能で非現実的なことを述べているものが、非現実的条件文です。

非現実的条件文

　非現実的条件文には、現在の事実と反対の仮定が示されるものと、過去の事実と反対の仮定が示されるものがあります。

❶ 現在の事実と反対の仮定を述べる場合

過去未来については第４２課を参考にしてください。

条件節	帰結節
Si + 接続法過去 (-se 形、-ra 形のどちらでもよい)	過去未来

225

Si no hubiera aire, no podríamos vivir.

シ　ノ　ウビエラ　アイレ　ノ　ポドリーアモス　ビビール

もし空気がなかったら、われわれは生きていることはできないだろう。

Si yo fuera ella, no me casaría con ese hombre.

シ　ジョ　フエラ　エジャ　ノ　メ　カサリーア　コン　エセ　オンブレ

もし私が彼女だったら、そんな男と結婚しないだろう。

❷ 過去の事実と反対の仮定を述べる場合

過去未来完了については第46課を参考にしてください。

条件節	帰結節
Si + 接続法過去完了 **(-se 形、-ra 形のどちらでもよい)**	過去未来完了

Si yo hubiera estudiado más, habría pasado el examen.

シ　ジョ　ウビエラ　エストゥディアード　マス　アブリーア　パサード　エル　エクサメン

もし私がもっと勉強していたら、試験に受かっていただろうに。
(実際には勉強しなかったから、試験に落ちた)

Si hubieses tenido dinero entonces, habrías comprado una casa.

シ　ウビエセス　テニード　ディネロ　エントンセス　アブリーアス　コンプラード　ウナ　カサ

もし当時きみが金を持っていたなら、家を買っていただろうに。
(実際には当時金を持っていなかったから、家を買わなかった)

Check

現実的条件文の条件節では、未来形や接続法は使えません。たとえば、「明日きみに時間があったら、映画に行こう」をスペイン語にしてみましょう。

○ **Si tienes tiempo mañana, vamos al cine.** が正解です。

シ　ティエネス　ティエンポ　マニャーナ　バモス　アル　シネ

下のようにした人はいませんでしたか?

× **Si tendrás tiempo mañana, vamos al cine.**

× **Si tengas tiempo mañana, vamos al cine.**

くれぐれも注意しましょう。

●解答は P239

練習問題

1 （　　）の動詞を適切な形にしましょう。

① Si me (tocar) la lotería, viajaría por todo el mundo.
シ　メ　　ラ　ロテリーア　　ビアハリーア　ボル　トード　エル　ムンド
もし私に宝くじが当たったら、世界中を旅行するだろうに。

② Si yo (ser) tú, protestaría por este ruido.
シ　ジョ　　トゥ　プロテスタリーア　ボル　エステ　ルイード
もし私がきみだったら、こんな騒音には抗議するだろうに。

③ Si tú (seguir) mi consejo, no habrías fracasado.
シ　トゥ　　ミ　コンセホ　ノ　アブリーアス　フラカサード
もしきみがぼくの忠告を聞いていたら、きみは失敗しなかっただろうに。

④ Si no (llover) ayer, yo habría ido al monte.
シ　ノ　　アジェール　ジョ　アブリーア　イード　アル　モンテ
もし昨日雨が降らなかったら、ぼくは山に行っただろうに。

⑤ Si (nevar), vamos a patinar.
シ　　　バモス　ア　パティナール
もし雪が降れば、私たちはスケートに行こう。

2 次の文を日本語にしましょう。

① Si tengo dinero, compraré esta moto.
シ　テンゴ　ディネロ　コンプラレ　エスタ　モト

_____

② Si me tocara la lotería, compraría esta casa.
シ　メ　トカーラ　ラ　ロテリーア　コンプラリーア　エスタ　カサ

_____

第53課の単語 （P227）

tocar 当たる
トカール
lotería 宝くじ
ロテリーア
todo el mundo みんな
トード　エル　ムンド
protestar 抗議する
プロテスタール
ruido 騒音
ルイード

seguir 従う
セギール
consejo 忠告、助言
コンセホ
monte 山
モンテ
patinar スケートをする
パティナール
moto オートバイ
モト

Carlos : **Oye, ¿te acuerdas de Macarena, la chica que trabaja**
オジェ　テ　アクエルダス　デ　マカレーナ　ラ　チカ　ケ　トラバハ

en mi sección? Va a casarse con un chico chileno
エン　ミ　セクシオン　バ　ア　カサールセ　コン　ウン　チコ　チレーノ

y va a vivir en Chile.
イ　バ　ア　ビビール　エン　チレ

María : **Qué bien. Me interesa mucho Latinoamérica.**
ケ　ビエン　メ　インテレサ　ムーチョ　ラティノアメリカ

Me gustaría viajar contigo por todos los países
メ　グスタリーア　ビアハール　コンティーゴ　ポル　トードス　ロス　パイーセス

de Latinoamérica si tuviéramos dinero.
デ　ラティノアメリカ　シ　トゥビエラモス　ディネロ

Carlos : **Vamos a jugar a la lotería. A propósito, ¿fuiste a**
バモス　ア　フガール　ア　ラ　ロテリーア　ア　プロポシト　フイステ　ア

la agencia de viajes ayer?
ラ　アヘンシア　デ　ビアヘス　アジェール

María : **No. Si hubiera hecho buen tiempo, habría ido.**
ノ　シ　ウビエラ　エチョ　ブエン　ティエンポ　アブリーア　イード

Pero llovía y tronaba. Por eso no fui.
ペロ　ジョビーア　イ　トロナーバ　ポル　エソ　ノ　フイ

●日本語訳●

カルロス：ねえ、ぼくの課で働いているマカレナを覚えているかなあ。
彼女はチリ人の男性と結婚して、チリに住むんだよ。

マリア　：あら、いいわね。私はラテンアメリカにはとっても興味があるの。もし
お金があったら、あなたといっしょにラテンアメリカの国を全部旅行し
たいものだわ。

カルロス：宝くじを買おうよ。ところで、昨日、旅行代理店に行ってくれたかい？

マリア　：ううん。天気がよければ行くつもりだったんだけど。
雨で、しかも雷が鳴っていたから、行かなかったの。

第53 課の単語（P228） ●

acordarse de　覚えている
アコルダールセ　デ
jugar a la lotería　宝くじを買う
フガール　ア　ラ　ロテリーア

agencia　代理店
アヘンシア
tronar　雷が鳴る
トロナール

228

接続詞と文のつながり

接続詞の役割

接続詞は文の中で、名詞と名詞、形容詞と形容詞、動詞と動詞、文と文などをつなぎ合わせる役目を果たし、その形は変化しません。

単語や文をつなぎ合わせるとき、対等の関係でつなぐものと、従属関係でつなぐものとがあります。これらについて、少し説明しましょう。

対等の接続詞・接続詞句

① 結びと分離の接続詞

● **y**（そして）…… **i-**／**hi-** で始まる語の前では **e** に変わる

Los niños van a la guardería y los padres van al trabajo.
ロス　ニーニョス　バン　ア　ラ　　グアルデリーア　　イ　ロス　　パドレス　　バン　アル　トラバホ
子どもたちは保育園へ、親たちは仕事に行く。

Regresaste e hiciste la comida.　きみは戻って来て昼食を作った。
レグレサステ　　　エ　　イシステ　　ラ　　コミーダ

後続の単語が hi で始まっているので、
e になります。

● **ni**（= **y no**）…… **y** の否定

No trabajan ni (= y no) estudian.　働きもしないし、勉強もしない。
ノ　　トラバハン　　ニ　　　　　　　　　エストゥディアン

● **o**（または）…… **o-**／**ho-** で始まる語の前では **u** に変わる

Compraré una falda o unos pantalones.
コンプラレ　　　ウナ　ファルダ　オ　ウノス　　　パンタロネス
スカートかズボンを買うつもりです。

後続の単語が o で始まっているので、
u になります。

La niña tiene siete u ocho años.　その女の子は7歳か8歳です。
ラ　ニーニャ　ティエネ　シエテ　ウ　オチョ　アーニョス

② 配分の接続詞…… **o...o**（あるいは）／ **no...sino**（〜ではなく〜）

O no lo sabe, o no lo quiere saber.
オ　ノ　ロ　サベ　オ　ノ　ロ　　キエレ　　サベール
それを知らないか、あるいは知りたくないかだ。

No viajaron en coche sino en tren. 車ではなく、汽車で彼らは旅をした。
ノ　　ビアハロン　エン　コチェ　シノ　エン　トレン

❸ 背反の接続詞…… **pero**（しかし）／**sin embargo**（しかしながら）

María es española, pero habla japonés muy bien.
マリーア　エス　エスパニョーラ　　　ベロ　　アブラ　　ハポネス　　ムイ　ビエン
マリアはスペイン人だが、日本語をとても上手に話す。

Es católico, sin embargo no va a la iglesia.
エス　　カトリコ　　シン　　エンバルゴ　　ノ　バ　ア　ラ　イグレシア
彼はカトリック教徒だが、教会へ行かない。

❹ 結果の接続詞…… **por eso**（それだから）／**por lo tanto**（したがって）

No estoy bien, por eso no voy a clase.
ノ　エストイ　ビエン　　ポル　エソ　ノ　ボイ　ア　クラセ
具合がよくないから、授業には行かない。

El hombre es un animal, por lo tanto necesita comer.
エル　　オンブレ　エス　ウン　アニマル　　　ポル　ロ　タント　　　ネセシタ　　　コメール
人間は動物であり、それゆえ食べる必要がある。

従属の接続詞

❶ 名詞節を導く接続詞…… **si** ／ **que**

No sabía si él vendría aquella noche.
ノ　サビーア　シ　エル　ベンドリーア　　アケジャ　　　ノチェ
あの夜彼が来るかどうか知らなかった。

Dicen que va a llover. 雨が降るそうです。
ディセン　　　ケ　　バ　ア　ジョベール

❷ 形容詞節を導く接続詞……関係代名詞（第43課・第44課参照）

Tomo un autobús que sale de Atocha.
トモ　　ウン　　アウトブス　　ケ　サレ　デ　アトーチャ
私はアトーチャから出るバスに乗ります。

La mujer con la que se casó Juan es japonesa.
ラ　ムヘール　コン　ラ　　ケ　セ　カソ　フアン　エス　ハポネサ
フアンが結婚した女性は日本人だ。

❸ 副詞節を導く接続詞

● 方法…… **como**（～のように）／ **como si**（まるで～のように）

Cuidaba al bebé como una madre.
<small>クイダーバ　アル　ベベ　コモ　ウナ　マドレ</small>
母親のように赤んぼうを世話していた。

Canta flamenco como si fuera española.
<small>カンタ　フラメンコ　コモ　シ　フエラ　エスパニョーラ</small>
まるでスペイン人のようにフラメンコを歌う。

● 原因・理由…… **como**（～なので）／ **porque**（なぜなら）

Como tengo sed, voy a tomar una cerveza.
<small>コモ　テンゴ　セッ　ボイ　ア　トマール　ウナ　セルベサ</small>
のどが渇いたから、ビールを飲もう。

Me voy, porque ya es tarde. 行くよ。もう遅いから。
<small>メ　ボイ　ポルケ　ジャ　エス　タルデ</small>

● 譲歩…… **aunque**（～とはいえ）／ **a pesar de (que)**（～にもかかわらず）

Aunque estoy enfermo, tengo que salir.
<small>アウンケ　エストイ　エンフェルモ　テンゴ　ケ　サリール</small>
病気だけれども、出かけなければならない。

Me atendió amablemente a pesar de estar muy ocupada.
<small>メ　アテンディオ　アマブレメンテ　ア　ベサール　デ　エスタール　ムイ　オクパーダ</small>
非常に忙しかったにもかかわらず、親切に対応してくれた。

Nos atendió amablemente a pesar de que había muchos heridos en la clínica.
<small>ノス　アテンディオ　アマブレメンテ　ア　ベサール　デ　ケ　アビーア　ムーチョス　エリードス　エン　ラ　クリニカ</small>
クリニックには大勢のけが人がいたにもかかわらず、親切に対応してくれた。

● 条件…… **si**（もし～なら）

Si tienes tiempo, vamos al cine.
<small>シ　ティエネス　ティエンポ　バモス　アル　シネ</small>
もし時間があるなら、映画に行こう。

● 時…… **cuando**（～するとき）／ **mientras**（～する間）
　　　 desde que（～して以来）

Cuando te llamé, no estabas. 電話したとき、きみはいなかった。
<small>クアンド　テ　ジャメ　ノ　エスターバス</small>

Cuando tengas tiempo, llámame.

いつ時間があるかわからないので、
接続法で表します。（P219の②参照）

クアンド　　　テンガス　　　ティエンポ　　　ジャマメ

時間があるときに電話をしてよ。

Vive en aquella casa desde que llegó a Japón.

ビベ　エン　アケジャ　カサ　デスデ　ケ　ジェゴ　ア　ハポン

日本に着いて以来、あの家に住んでいる。

● 目的…… para (que)（〜するために）／a fin de (que)（〜する目的で）

Compré un reloj para regalárselo a mi novio.

コンプレ　ウン　レロッ　パラ　レガラールセロ　ア　ミ　ノビオ

恋人にプレゼントするために、時計を買った。

para que のあとはいつも接続法
がきます。（P219の①参照）

Compré un despertador para que mi novio se levante a tiempo.

コンプレ　ウン　デスペルタドール　パラ　ケ　ミ　ノビオ　セ　レバンテ　ア　ティエンポ

恋人が時間に起きるように、目ざまし時計を買った。

Vino a Japón a fin de aprender japonés.

ビノ　ア　ハポン　ア　フィン　デ　アプレンデール　　ハポネス

日本語を勉強するために、日本に来た。

Explicó detalladamente el plan a fin de que lo entendiéramos.

エスプリコ　　　デタジャーダメンテ　　エル　プラン　ア　フィン　デ　ケ　ロ　エンテンディエラモス

私たちが理解するようにと、ていねいにその計画を説明してくれた。

第54課の単語 （P229 〜 P232） ••••••••••••••••••••••••••••••••

guardería　保育園
グアルデリーア
falda　スカート
ファルダ
católico　カトリック信者
カトリコ
iglesia　教会
イグレシア
animal　動物
アニマル
bebé　赤ちゃん
ベベ
cuidar　世話をする
クイダール
flamenco　フラメンコ
フラメンコ
cerveza　ビール
セルベサ
atender　対応する
アテンデール

amablemente　親切に
アマブレメンテ
herido　負傷者
エリード
clínica　クリニック
クリニカ
reloj　時計
レロッ
despertador　目ざまし時計
デスペルタドール
a tiempo　間に合って
ア　ティエンポ
explicar　説明する
エスプリカール
detalladamente　詳しく
デタジャーダメンテ
fin　目的
フィン
a fin de que　〜するために
ア　フィン　デ　ケ

232

 練習問題の解答

■ **Lección 2** (P16)

1 ① Él　②Tú　③Ud., yo　④Ellos　⑤Vosotras

2 ① eres　②somos　③somos　④son　⑤es, es

■ **Lección 3** (P20)

1 ① niña　②hermano　③amiga　④japonés　⑤rey

2 ① bolígrafo　②días　③españoles　④flor　⑤luz

3 ① profesora　②españoles　③hermanas　④estudiante　⑤amigos

■ **Lección 4** (P24)

1 ① María no es profesora.　② María y Belén no son hermanas.

　③ Pedro y David no son amigos.

2 ① somos hermanas.　② no soy pianista. Soy violinista.

　③ no es médico. Es abogado.

■ **Lección 5** (P30)

1 ① pantalón negro ※最近は pantalón と単数形でもズボン1着をさす。

　② faldas rojas　③ blusa pequeña　④ camisetas grandes

　⑤ cinturones anchos

2 ① hermosa　②simpáticos　③pequeña　④amable　⑤antipáticos

■ **Lección 6** (P34)

1 ① estáis, está　②están　③está　④estás

2 ① estás　②es, Es　③es　④están

■ **Lección 7** (P38)

1 ① tiene, tiene　②tenemos　③tengo　④tienes　⑤Tiene　⑥Tenéis

2 ① Cuántos, Tengo　② Cuántas, Tiene

■ **Lección 8** (P42)

1 ① un　②una　③unos　④×

2 ① ×　②Los　③×　④× ×

■ **Lección 9** (P46)

1 ① voy　②va　③va　④vais　⑤vais　⑥vamos　⑦van

2 ① Vamos　②Vamos　③ no vamos al cine　④ no vamos a bailar

■ **Lección 10** (P50)

1 ① canto, cantas, canta, cantamos, cantáis, cantan

　② escucho, escuchas, escucha, escuchamos, escucháis, escuchan

　③ leo, lees, lee, leemos, leéis, leen

　④ bebo, bebes, bebe, bebemos, bebéis, beben

　⑤ escribo, escribes, escribe, escribimos, escribís, escriben

　⑥ abro, abres, abre, abrimos, abrís, abren

2 ① fumo　②aprendes　③trabajamos　④viven　⑤canta　⑥lee

■ **Lección 11** (P54)

1 ① mi, mía　②tu, tuyo　③vuestra, vuestra　④sus, suyas　⑤sus, suyos

233

⑥ mis, mías　　⑦ nuestros, nuestros　　⑧ mi, mío　　⑨ su, suya　　⑩ su, suya

2 ① El　　② La　　③ Los

■ Lección 12 (P58)

1 ① esto　　② Este　　③ Aquellos　　④ esas　　⑤ aquella

2 ① esa　　② aquellos　　③ estas

3 ① aquí　　② allí　　③ ahí

■ Lección 13 (P63)

1 ① cien yenes　　② mil doscientas libras　　③ dos mil quinientos euros
　　④ diez mil dólares　　⑤ veinticinco mil cuatrocientos pesos mexicanos
　　⑥ un tercio　　⑦ dos tercios

2 ① trescientos tres　　② cinco mil doscientas　　③ un millón
　　④ primer　　⑤ tercera

■ Lección 14 (P66)

1 ① Puedo ir　　② Podemos estar　　③ Podemos ver

2 ① Puedes, cerrar　　② Pueden, abrir

■ Lección 15 (P71)

1 ① a　　② en　　③ a, en　　④ de　　⑤ de　　⑥ de, a（または desde, hasta）
　　⑦ sin　　⑧ con

2 ① Ana va a viajar conmigo.　　② Voy a comprar ese libro para ti.

■ Lección 16 (P74)

1 ① Hay　　② está　　③ está　　④ Hay　　⑤ están

2 ① en　　② de　　③ lado, de　　④ de　　⑤ lejos

■ Lección 17 (P78)

1 ① la　　② Es, cuarto　　③ la, menos　　④ las, y　　⑤ Son, once, diez

2 ① Es la una y media.　　② Son las nueve y cuarto.
　　③ Son las doce y veinte.　　④ Son las seis menos cuarto.

3 ① desayunan　　アナとフアンは6時半に朝食をとる。
　　② cenamos　　両親と私は9時に夕食をとる。
　　③ coméis　　きみとアントニオは2時半に昼食をとる。

■ Lección 18 (P83)

1 ① (cierro), cierras, cierra, cerramos, cerráis, cierran
　　② quiero, (quieres), quiere, queremos, queréis, quieren
　　③ siento, sientes, (siente), sentimos, sentís, sienten
　　④ entiendo, entiendes, entiende, entendemos, entendéis, (entienden)

■ Lección 19 (P87)

1 ① lo, 大切なことは働くことだ。　　② lo, 旅行のことを話しましょう。
　　③ lo, 昨日のこと、ありがとう。

2 ① ×　　② el　　③ ×　　④ un　　⑤ el　　⑥ El　　⑦ El　　⑧ ×

■ Lección 20 (P90)

1 ① sábado　　② uno, marzo　　③ lunes, febrero

2 ① el　　② El　　③ el　　④ en　　⑤ Los　　⑥ la

234

■ Lección 21 (P94)

1 ① quiere, Quiero　② quieres, Quiero　③ quieres, Quiero
④ queréis, Queremos　⑤ Quieres　⑥ Queréis

■ Lección 22 (P98)

1 ① te　② lo　③ la　④ la

■ Lección 23 (P102)

1 ① Le, Se lo　② Le, Se la　③ le, se la　④ Le, Se lo

■ Lección 24 (P106)

1 ① es　② Es　③ de　④ ir　⑤ es
⑥ Para　⑦ bailar　⑧ sin　⑨ Después de

■ Lección 25 (P110)

1 ① me　② Te　③ nos　④ Te　⑤ Le　⑥ Les

2 ① Oímos a María cantar sevillanas.
② Quiero escuchar a María cantar sevillanas.
③ Le permito a María cantar sevillanas.
④ La madre de María le prohíbe a María cantar sevillanas.

■ Lección 26 (P114)

1 ① me　② ti　③ les　④ gustan　⑤ gusta　⑥ gustan　⑦ les

2 ① duele　② molestan　③ interesa　④ duelen

■ Lección 27 (P118)

1 ① iré　② tendrá　③ habrá　④ regresará　⑤ estará

2 ① llamaré　② estarán　③ llegará　④ cenaremos

■ Lección 28 (P124)

1 ① más rica　② menos　③ tan rápido como　④ mejor

2 ① (Este vino es) más barato que aquel vino.（または aquel）
② (Ella es) más inteligente que Elena.
　(Ella es) tan inteligente como Elena.

■ Lección 29 (P128)

1 ① hago　② hacer　③ haces, Hago　④ hace, Hace　⑤ Hace

2 ① desde hace dos semanas
② desde hace tres años
③ Hace tres semanas

■ Lección 30 (P132)

1 ① me llamo, te llamas, se llama, nos llamamos, os llamáis, se llaman
② me pongo, te pones, se pone, nos ponemos, os ponéis, se ponen
③ me siento, te sientas, se sienta, nos sentamos, os sentáis, se sientan
④ me siento, te sientes, se siente, nos sentimos, os sentís, se sienten

2 ① me despierto　② se sientan　③ se casan　④ me siento

■ Lección 31 (P136)

1 ① Sé　② Tened　③ Pon

2 ① Léeme el periódico. → Léemelo.

② Préstame el libro. → Préstamelo.

③ Cantadnos esta canción. → Cantádnosla

■ Lección 32 (P140)

1 ① Siéntate ② Ponte ③ Despertaos ④ Vete, Idos

2 ① Levántate ② Ponte ③ Lavaos

■ Lección 33 (P144)

1 ① yendo ② escribiendo ③ durmiendo ④ sintiéndose

⑤ sentándose ⑥ levantándose

2 ① andando ② leyendo ③ huyendo ④ lloviendo ⑤ preparando

■ Lección 34 (P148)

1 ① escrito ② puesto ③ dicho ④ visto ⑤ roto ⑥ vuelto

2 ① he visto ② ha oído ③ has visto, he visto ④ Ha leído ⑤ han pasado

■ Lección 35 (P152)

1 ① trabajé ② Vivimos ③ fuimos, vimos, descansamos

■ Lección 36 (P156)

1 ① tenía ② jugaba ③ deseaba ④ Llovía, hacía ⑤ paseaba

■ Lección 37 (P160)

1 ① estudiaba, llamó ② estaba, había ③ fumaba, bebía ④ volví, eran

2 ① 昨夜は雪が約2時間降りました。

　　昨夜は雪が降っていて、とても寒かったのでした。

② 子どもだったころ、私たちは3年間メキシコに住みました。

　　子どもだったころ、私たちはメキシコに住んでいたのでした。

■ Lección 38 (P164)

1 ① secuestrada ② publicado ③ abierta ④ operaron

2 ① 兵士たちは負傷した。（ふつうの受動態）

　　兵士たちは負傷していた。（状態を表す受動態）

② 貸しアパートあり。

③ 私は誕生パーティーに招待された。

■ Lección 39 (P168)

1 ① que ② si ③ Cuando ④ si ⑤ Aunque ⑥ porque ⑦ Como

■ Lección 40 (P172)

1 ① 彼らは近いうちに結婚するそうだ。

② 東京から大阪まで3時間かかる。

③ 人間はもし健康ならば幸せというものだ。

④ 子どもを持つと、親のことがいっそうわかるものだ。

⑤ きみに電話して、会合のことを話すのを忘れてしまった。

2 ① Se tarda una hora de mi casa a la oficina.

② Dicen que tu madre cocina muy bien.

③ Se me quemó el bistec.

　　または Se me ha quemado el bistec.

236

■ **Lección 41** (P176)

1 ① alguna, ninguna   ② algún, ningún   ③ alguien, nadie
④ algo, nada   ⑤ alguna（または algunas）, ninguna

■ **Lección 42** (P180)

1 ① diría, dirías, diría, diríamos, diríais, dirían
② vendría, vendrías, vendría, vendríamos, vendríais, vendrían
③ saldría, saldrías, saldría, saldríamos, saldríais, saldrían
④ querría, querrías, querría, querríamos, querríais, querrían
⑤ habría, habrías, habría, habríamos, habríais, habrían

2 ① llamaría   ② volverían   ③ llegaría   ④ nos casaríamos

■ **Lección 43** (P185)

1 ①〈先行詞〉el tren   〈役割〉関係節の主語
②〈先行詞〉el libro   〈役割〉関係節の目的語

2 Juan compró el coche que está allí.
または El coche que Juan compró está allí.

3 ① que   ② que   ③ en   ④ en

■ **Lección 44** (P190)

1 ① que   ② que   ③ quien   ④ quien   ⑤ que

2 ① よくものを知っている人は寡黙だ。
② 私は父が言うことを理解できない。
③ いとこは私に会いに来るだろうといったが、それは私をとても喜ばせた。

■ **Lección 45** (P195)

1 ① donde   ② cuando   ③ donde   ④ cuando

2 ① 私はその少女が売っていた花を全部買った。
② 私は目が緑色のネコを飼っている。
③ マノーロは持っていたものすべてを失った。

■ **Lección 46** (P199)

1 ① 行ったことがなかった。（過去完了）
② 出てしまっていた。（過去完了）
③ 戻っていた（過去完了）
④ 帰ってしまっているだろう。（未来完了）
　　帰るだろう。（未来）
⑤ 終わってしまっているだろう（過去未来完了）
　　終わるだろう（過去未来）

■ **Lección 47** (P203)

1 ① (Irene dice) que va a Chile.
(Irene dirá) que va a Chile.
(Irene ha dicho) que va a Chile.
② (Irene dijo) que iba a Chile
(Irene dijo) que iba a Chile
(Irene dijo) que iría a Chile.

237

2 ① al día siguiente　② allí　③ aquel

■ Lección 48 (P206)

1 ① (No sé) si tiene novio Rocío.

② (Me preguntaron) si estaba en casa Macarena.

③ (Me preguntaron) qué había en aquella caja.

④ (No sé) cuándo vuelve mi madre.

⑤ (No sé) cuántos años tiene mi padre.

■ Lección 49 (P211)

1 ① esté　② vayas　③ viva　④ ayude　⑤ vuelvas

2 ① Es posible que llueva mañana.

② El profesor me ha aconsejado que yo estudie más.

■ Lección 50 (P216)

1 ① venir

人称	肯定	否定
tú	ven	no vengas
Ud.	venga	no venga
vosotros	venid	no vengáis
Uds.	vengan	no vengan

② irse

人称	肯定	否定
tú	vete	no te vayas
Ud.	váyase	no se vaya
vosotros	idos	no os vayáis
Uds.	váyanse	no se vayan

2 ① Espere　② Abra　③ me hables　④ se levante　⑤ se dé

■ Lección 51 (P220)

1 ① ponga, pongas, ponga, pongamos, pongáis, pongan

② empiece, empieces, empiece, empecemos, empecéis, empiecen

③ siente, sientes, siente, sentemos, sentéis, sienten

④ sienta, sientas, sienta, sintamos, sintáis, sientan

⑤ quiera, quieras, quiera, queramos, queráis, quieran

⑥ pida, pidas, pida, pidamos, pidáis, pidan

2 ① entiendan　② llueva　③ venga　④ estoy

■ Lección 52 (P224)

1

	ser		poder	
	単数	複数	単数	複数
過去(ra形)	fuera	fuéramos	pudiera	pudiéramos
現在完了	haya sido	hayamos sido	haya podido	hayamos podido
過去完了	hubiera sido	hubiéramos sido	hubiera podido	hubiéramos podido

（se 形の場合は hubiese, hubiésemos に sido あるいは podido をつける）

2 ① supieran (supiesen)　② pudiera (pudiese)

③ haya aprobado　④ hubiera hecho (hubiese hecho)

■ Lección 53 (P227)

1 ① tocara (tocase)　② fuera (fuese)　③ hubieras (hubieses) seguido

④ hubiera (hubiese) llovido　⑤ nieva

2 ① もしお金があれば、ぼくはこのオートバイを買おう。

② もし私にこの宝くじが当たったら、この家を買うのに。

●著者

井戸　光子 (いど　みつこ)

日本女子大学家政学部中退。『フラメンコへの誘い』(晶文社)の編集をきっかけに、スペイン語を学びはじめる。1987年にマドリードへ私費留学。スペインの総合情報紙である『今週のスペイン』(1989〜1994)の編集・発行に携わりながらスペイン語の通信教育講座(https://www.hispanica.org)を開設、指導にあたる。NHKのスペイン語講座テキストにスペインと中南米のニュースを14年間連載。主な訳書に『ひかげの日系人』(彩流社)、『夢の行方』(現代企画室)、編著書に『スペイン語経済ビジネス用語辞典』(カシオ電子辞書に搭載)がある。

石村　あつ (いしむら　あつ)

京都女子大学文学部卒業。大学卒業後にスペイン語を学びはじめ、子育てを終えた後にスペイン政府の奨学金を得て、マドリード・コンプルテンセ大学に留学。帰国後に『今週のスペイン』(1989〜1994)の編集・発行に携わる。絵本の翻訳をしながら、スペイン語通信教育の指導を行う。NHKのスペイン語講座テキストにスペインのニュースを14年間連載。主な訳書に『ナナのぼうけん』(宝島社)、『ラベリントス』(フレーベル館)がある。

本書に関するお問い合わせは、書名・発行日・該当ページを明記の上、下記のいずれかの方法にてお送りください。電話でのお問い合わせはお受けしておりません。
・ナツメ社webサイトの問い合わせフォーム
　https://www.natsume.co.jp/contact
・FAX(03-3291-1305)
・郵送(下記、ナツメ出版企画株式会社宛て)
なお、回答までに日にちをいただく場合があります。正誤のお問い合わせ以外の書籍内容に関する解説・個別の相談は行っておりません。あらかじめご了承ください。

ナツメ社Webサイト
https://www.natsume.co.jp
書籍の最新情報(正誤情報を含む)は
ナツメ社Webサイトをご覧ください。

音声DL版　文法から学べるスペイン語

2024年1月5日　初版発行
2024年11月1日　第3刷発行

著　者	井戸光子	©Ido Mitsuko, 2024
	石村あつ	©Ishimura Atsu, 2024
発行者	田村正隆	

発行所　　株式会社ナツメ社
　　　　　東京都千代田区神田神保町1-52 ナツメ社ビル1F (〒101-0051)
　　　　　電話　03(3291)1257(代表)　　FAX　03(3291)5761
　　　　　振替　00130-1-58661
制　作　　ナツメ出版企画株式会社
　　　　　東京都千代田区神田神保町1-52 ナツメ社ビル3F (〒101-0051)
　　　　　電話　03(3295)3921(代表)
印刷所　　TOPPANクロレ株式会社